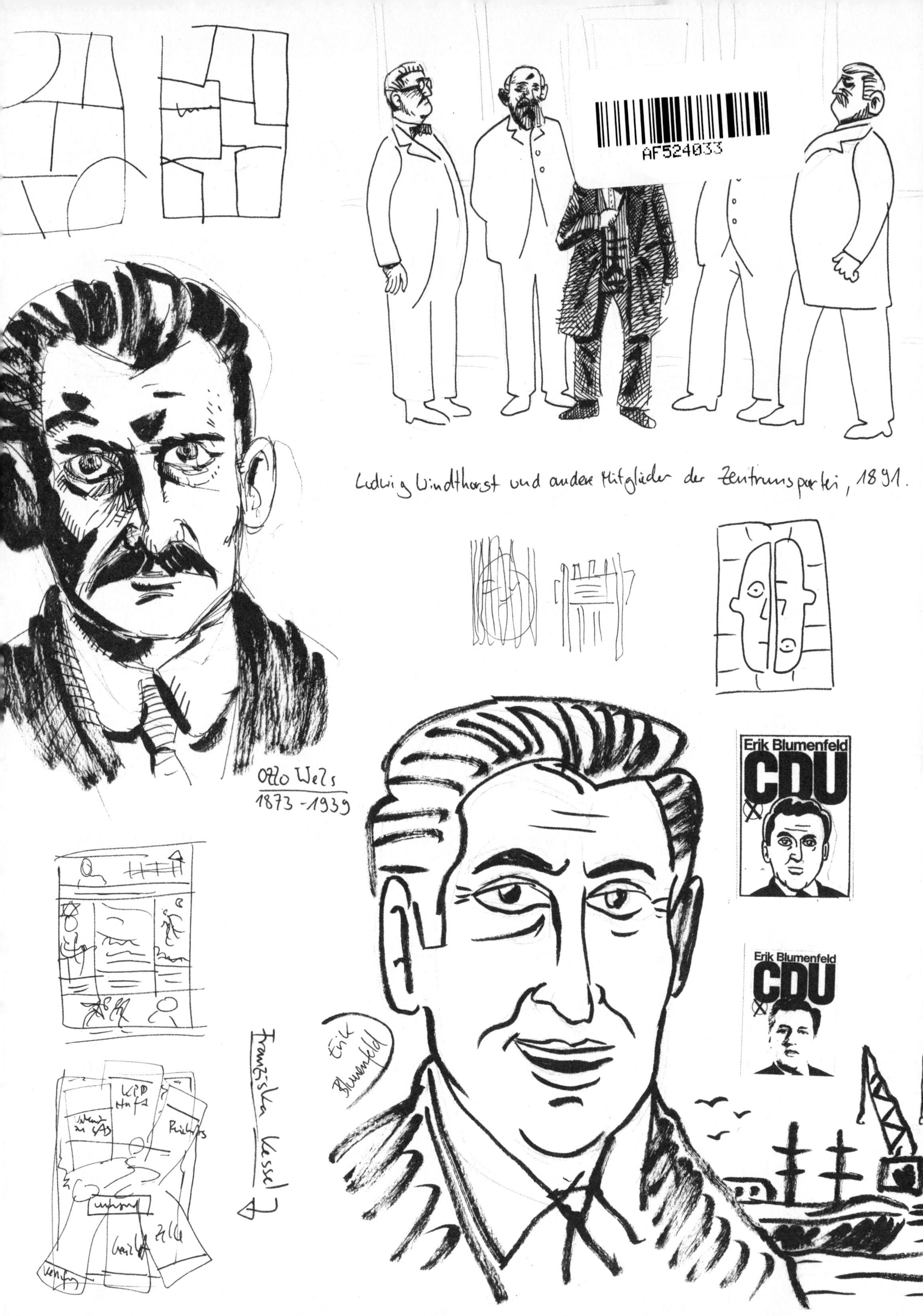
Ludwig Windthorst und andere Mitglieder der Zentrumspartei, 1891.
Otto Wels
1873-1939
Erik Blumenfeld
CDU
Erik Blumenfeld
CDU
Erik Blumenfeld
Franziska Kessel

Simon
Schwartz

DAS PARLAMENT

45 LEBEN FÜR DIE DEMOKRATIE

DEM DEUTSCHEN VOLKE

avant-verlag

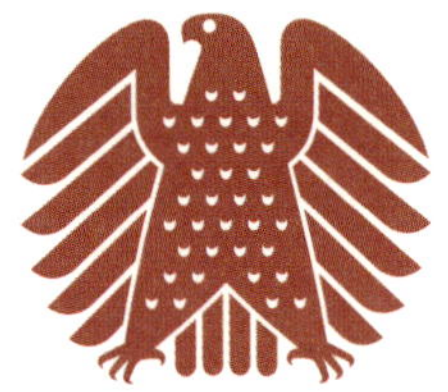

Vorwort

von Bundestagspräsident Dr. Wolfgang Schäuble

Das Parlament ist ein Verfassungsorgan. Das klingt abstrakt. Konkret ist das Parlament die Gesamtheit aller Abgeordneten. Die vom Volk gewählten Mitglieder machen das Parlament zu einem quicklebendigen Organismus: Sie erheben für oder gegen eine politische Entscheidung die Stimme, sie verwerfen oder beschließen Gesetze, sie übernehmen in der Demokratie Verantwortung.

Siebzig Jahre nach den Wahlen zum ersten Deutschen Bundestag zeichnet Simon Schwartz Leben und Werk von Menschen nach, die den Parlamentarismus in Deutschland geprägt haben. Die sich in den vergangenen Jahrhunderten um unsere Demokratie, um die politische Kultur und um Gesetzgebungsverfahren besonders verdient gemacht haben – lange vor dem Inkrafttreten unseres Grundgesetzes.

Fünfundvierzig Porträts zeigen Menschen, die für die Volksvertretung eingetreten sind, die sie erdacht, erkämpft und gefestigt haben – Menschen, die der Geschichte unserer repräsentativen Demokratie ein Gesicht geben: Die Palette reicht von Heinrich von Gagern, dem Präsidenten der Frankfurter Nationalversammlung, bis zur DDR-Bürgerrechtlerin Bärbel Bohley. Von Rudolf Virchow, dessen Visionen auf dem Feld der Medizin ebenso fortschrittlich waren wie seine politischen Ideen, bis zu Otto Wels. Der Sozialdemokrat hielt die letzte freie Rede vor dem Reichstag, bevor die Nationalsozialisten der fragilen Weimarer Demokratie ein Ende bereiteten. Marie Juchacz wiederum war die erste Frau, die vor einem frei gewählten Parlament das Wort ergriff – sie zählt zu den Pionierinnen des Parlamentarismus wie Elisabeth Selbert, eine der Mütter des Grundgesetzes, oder die grüne Friedensaktivistin Petra Kelly. Abgebildet werden die Geschichten jüngst verstorbener Zeitgenossen wie Heiner Geißler und Lothar Bisky – und historischer Persönlichkeiten unterschiedlichster Couleur wie Ludwig Windthorst oder Clara Zetkin.

In der Geschichte des Hohen Hauses ist mit dem fiktiven Hinterbänkler Jakob Maria Mierscheid übrigens auch ein Phantom fest verankert – selbst dieses wurde von Simon Schwartz porträtiert.

Wer waren die markanten, realen Figuren der Parlamentsgeschichte – was trieb sie an, warum haben sie für den Rechtsstaat und das Gemeinwesen gestritten und dabei bisweilen ihr Leben riskiert – oder sogar verloren? Welche persönliche Farbe haben sie in den politischen Alltag gebracht? Was ist das politische Erbe, das die politischen Vorfahren den Mitgliedern des Deutschen Bundestages oder vielmehr allen Deutschen hinterlassen haben?

Simon Schwartz präsentiert seine politische Ahnenforschung mit ganz eigenen Mitteln. Anders als die Geschichts- oder Politikwissenschaft, doch nicht minder lehrreich und detailgetreu. Anders als moderne Fotografie oder die klassische Porträtmalerei, doch nicht weniger einprägsam. Der Illustrator zeichnet nicht einfach die Physiognomie verdienter Herren oder mutiger Damen und untermalt diese mit lexikalischen Texten. Er nutzt für seinen künstlerischen Beitrag zur deutschen Parlamentsgeschichte eine besondere Darstellungsform, die in der Graphic Novel eine Renaissance erfährt und deren Ursprung ins 18. und frühe 19. Jahrhundert zurückführt: Wie damals auf bunten Bilderbögen wirbeln prägnante Zitate und historischer Hintergrund, politische Aussage und Lebensgeschichte der Dargestellten umeinander herum.

Im Auge des Betrachters verbinden sie sich zu einem Gesamtbild, im Stil dem Flugblatt oder dem Comic ähnlich. Was auf den ersten Blick vermeintlich wie ein Kinderspiel aussieht, entpuppt sich als eingängige Erzählung ohne belehrenden Unterton.

Die zentrale Aussage: Einzelne Charaktere beeinflussen die Politik ihrer Zeit und sie werden von dieser beeinflusst – Politik ist ein lebendiger Raum unerschöpflicher Möglichkeiten.

Die Bilderbögen erfassen die leuchtend hellen und tiefdunklen, auch blutroten Facetten deutscher Geschichte. Die couragierten Vorkämpferinnen und markanten Wegbereiter des Parlamentarismus zu kennen, hilft, die Gegenwart zu verstehen. Und die Lektüre macht Freude! Simon Schwartz zeigt mit jeder einzelnen Biografie eindrücklich, dass die Demokratie in unserem Land keine Selbstverständlichkeit ist. Und Politik alles andere als schwarz-weiß.

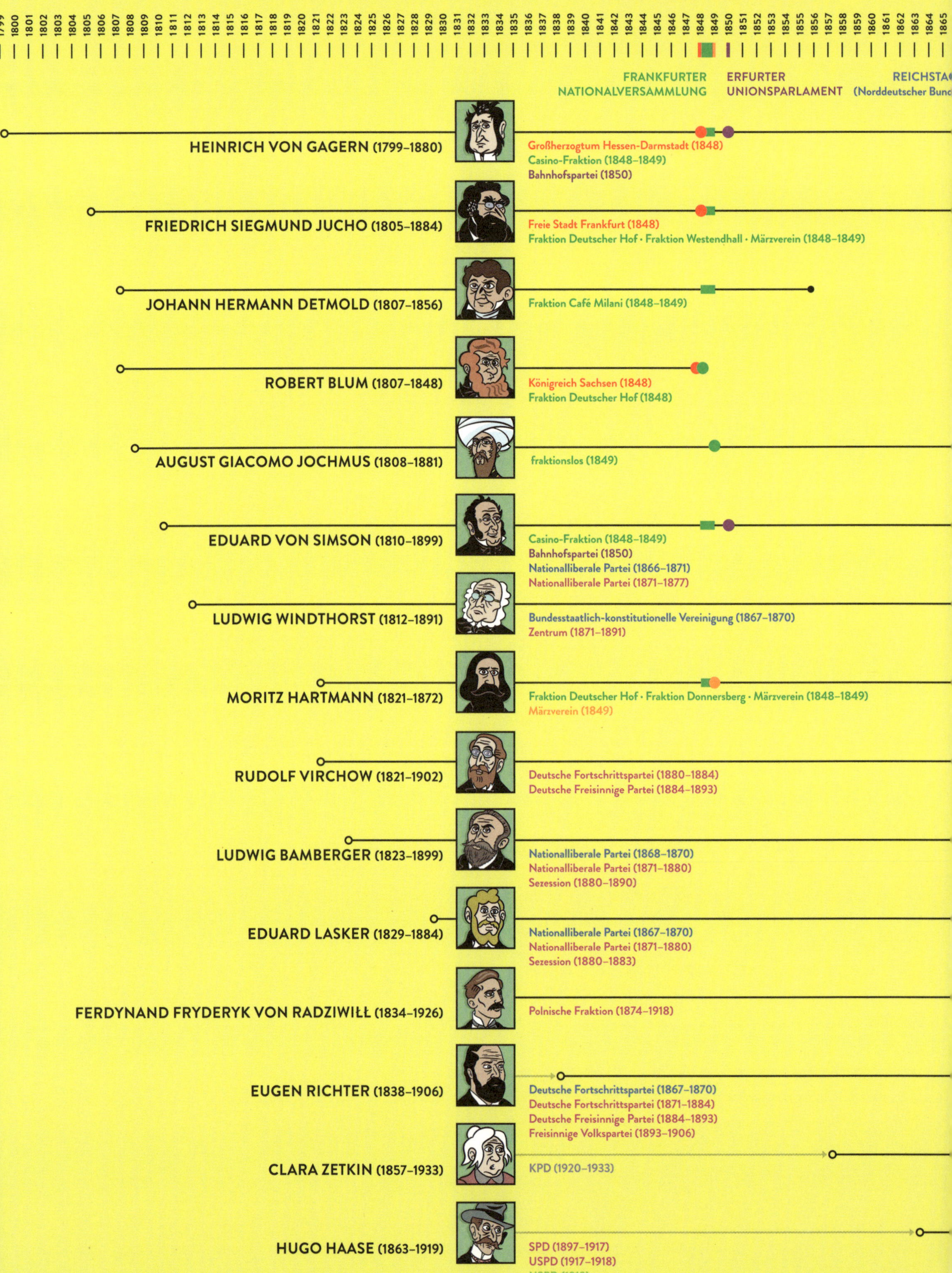
VORPARLAMENT
STUTTGARTER RUMPFPARLAMENT
1799 1800 1801 1802 1803 1804 1805 1806 1807 1808 1809 1810 1811 1812 1813 1814 1815 1816 1817 1818 1819 1820 1821 1822 1823 1824 1825 1826 1827 1828 1829 1830 1831 1832 1833 1834 1835 1836 1837 1838 1839 1840 1841 1842 1843 1844 1845 1846 1847 1848 1849 1850 1851 1852 1853 1854 1855 1856 1857 1858 1859 1860 1861 1862 1863 1864 1865
FRANKFURTER NATIONALVERSAMMLUNG
ERFURTER UNIONSPARLAMENT
REICHSTA
(Norddeutscher Bund
HEINRICH VON GAGERN (1799–1880)
Großherzogtum Hessen-Darmstadt (1848)
Casino-Fraktion (1848–1849)
Bahnhofspartei (1850)
FRIEDRICH SIEGMUND JUCHO (1805–1884)
Freie Stadt Frankfurt (1848)
Fraktion Deutscher Hof · Fraktion Westendhall · Märzverein (1848–1849)
JOHANN HERMANN DETMOLD (1807–1856)
Fraktion Café Milani (1848–1849)
ROBERT BLUM (1807–1848)
Königreich Sachsen (1848)
Fraktion Deutscher Hof (1848)
AUGUST GIACOMO JOCHMUS (1808–1881)
fraktionslos (1849)
EDUARD VON SIMSON (1810–1899)
Casino-Fraktion (1848–1849)
Bahnhofspartei (1850)
Nationalliberale Partei (1866–1871)
Nationalliberale Partei (1871–1877)
LUDWIG WINDTHORST (1812–1891)
Bundesstaatlich-konstitutionelle Vereinigung (1867–1870)
Zentrum (1871–1891)
MORITZ HARTMANN (1821–1872)
Fraktion Deutscher Hof · Fraktion Donnersberg · Märzverein (1848–1849)
Märzverein (1849)
RUDOLF VIRCHOW (1821–1902)
Deutsche Fortschrittspartei (1880–1884)
Deutsche Freisinnige Partei (1884–1893)
LUDWIG BAMBERGER (1823–1899)
Nationalliberale Partei (1868–1870)
Nationalliberale Partei (1871–1880)
Sezession (1880–1890)
EDUARD LASKER (1829–1884)
Nationalliberale Partei (1867–1870)
Nationalliberale Partei (1871–1880)
Sezession (1880–1883)
FERDYNAND FRYDERYK VON RADZIWIŁŁ (1834–1926)
Polnische Fraktion (1874–1918)
EUGEN RICHTER (1838–1906)
Deutsche Fortschrittspartei (1867–1870)
Deutsche Fortschrittspartei (1871–1884)
Deutsche Freisinnige Partei (1884–1893)
Freisinnige Volkspartei (1893–1906)
CLARA ZETKIN (1857–1933)
KPD (1920–1933)
HUGO HAASE (1863–1919)
SPD (1897–1917)
USPD (1917–1918)
USPD (1919)

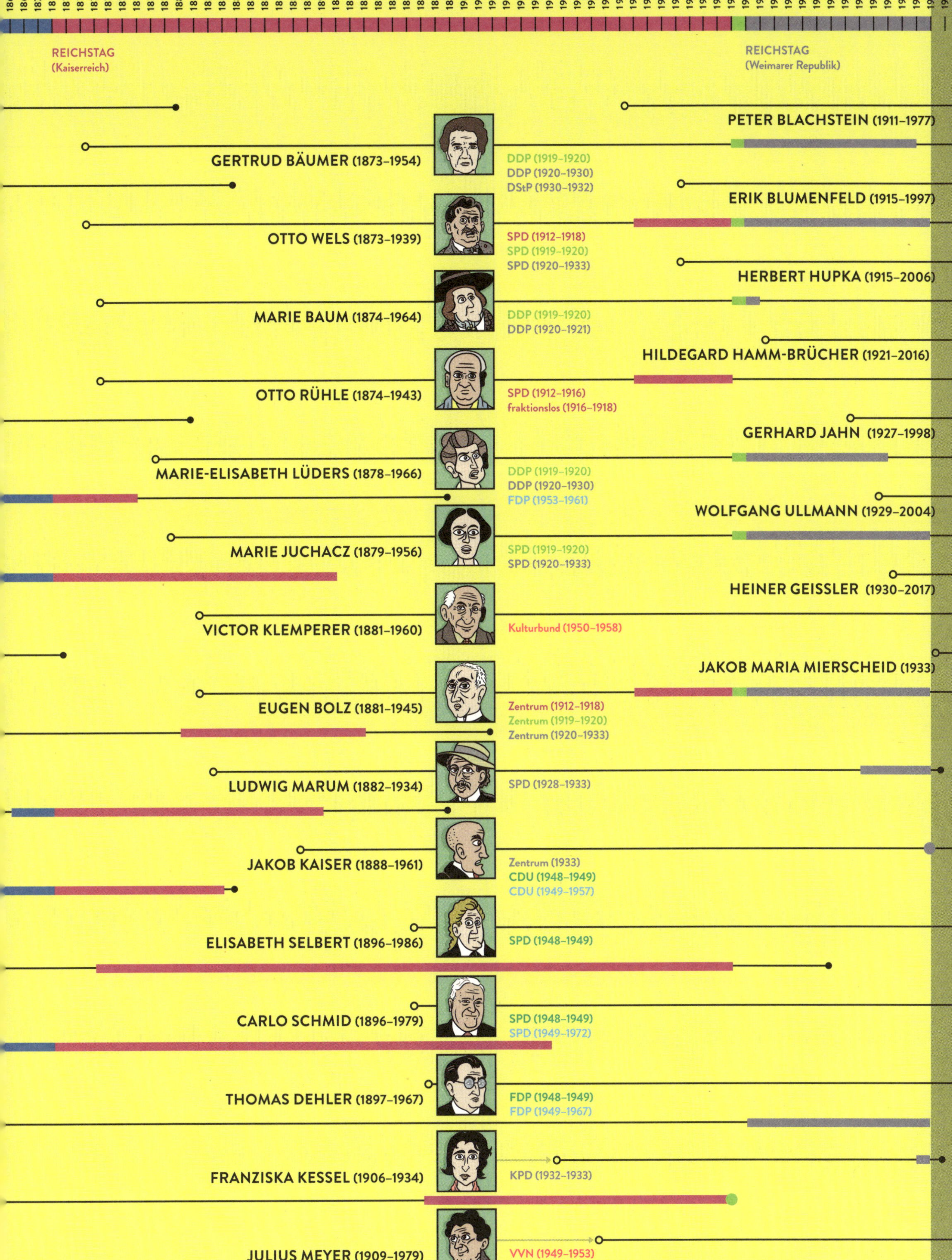
WEIMARER NATIONALVERSAMMLUNG
NS-DIKTATUR
1868 1869 1870 1871 1872 1873 1874 1875 1876 1877 1878 1879 1880 1881 1882 1883 1884 1885 1886 1887 1888 1889 1890 1891 1892 1893 1894 1895 1896 1897 1898 1899 1900 1901 1902 1903 1904 1905 1906 1907 1908 1909 1910 1911 1912 1913 1914 1915 1916 1917 1918 1919 1920 1921 1922 1923 1924 1925 1926 1927 1928 1929 1930 1931 1932 1933 1934
REICHSTAG
(Kaiserreich)
REICHSTAG
(Weimarer Republik)
PETER BLACHSTEIN (1911–1977)
GERTRUD BÄUMER (1873–1954)
DDP (1919–1920)
DDP (1920–1930)
DStP (1930–1932)
ERIK BLUMENFELD (1915–1997)
OTTO WELS (1873–1939)
SPD (1912–1918)
SPD (1919–1920)
SPD (1920–1933)
HERBERT HUPKA (1915–2006)
MARIE BAUM (1874–1964)
DDP (1919–1920)
DDP (1920–1921)
HILDEGARD HAMM-BRÜCHER (1921–2016)
OTTO RÜHLE (1874–1943)
SPD (1912–1916)
fraktionslos (1916–1918)
GERHARD JAHN (1927–1998)
MARIE-ELISABETH LÜDERS (1878–1966)
DDP (1919–1920)
DDP (1920–1930)
FDP (1953–1961)
WOLFGANG ULLMANN (1929–2004)
MARIE JUCHACZ (1879–1956)
SPD (1919–1920)
SPD (1920–1933)
HEINER GEISSLER (1930–2017)
VICTOR KLEMPERER (1881–1960)
Kulturbund (1950–1958)
JAKOB MARIA MIERSCHEID (1933)
EUGEN BOLZ (1881–1945)
Zentrum (1912–1918)
Zentrum (1919–1920)
Zentrum (1920–1933)
LUDWIG MARUM (1882–1934)
SPD (1928–1933)
JAKOB KAISER (1888–1961)
Zentrum (1933)
CDU (1948–1949)
CDU (1949–1957)
ELISABETH SELBERT (1896–1986)
SPD (1948–1949)
CARLO SCHMID (1896–1979)
SPD (1948–1949)
SPD (1949–1972)
THOMAS DEHLER (1897–1967)
FDP (1948–1949)
FDP (1949–1967)
FRANZISKA KESSEL (1906–1934)
KPD (1932–1933)
JULIUS MEYER (1909–1979)
VVN (1949–1953)

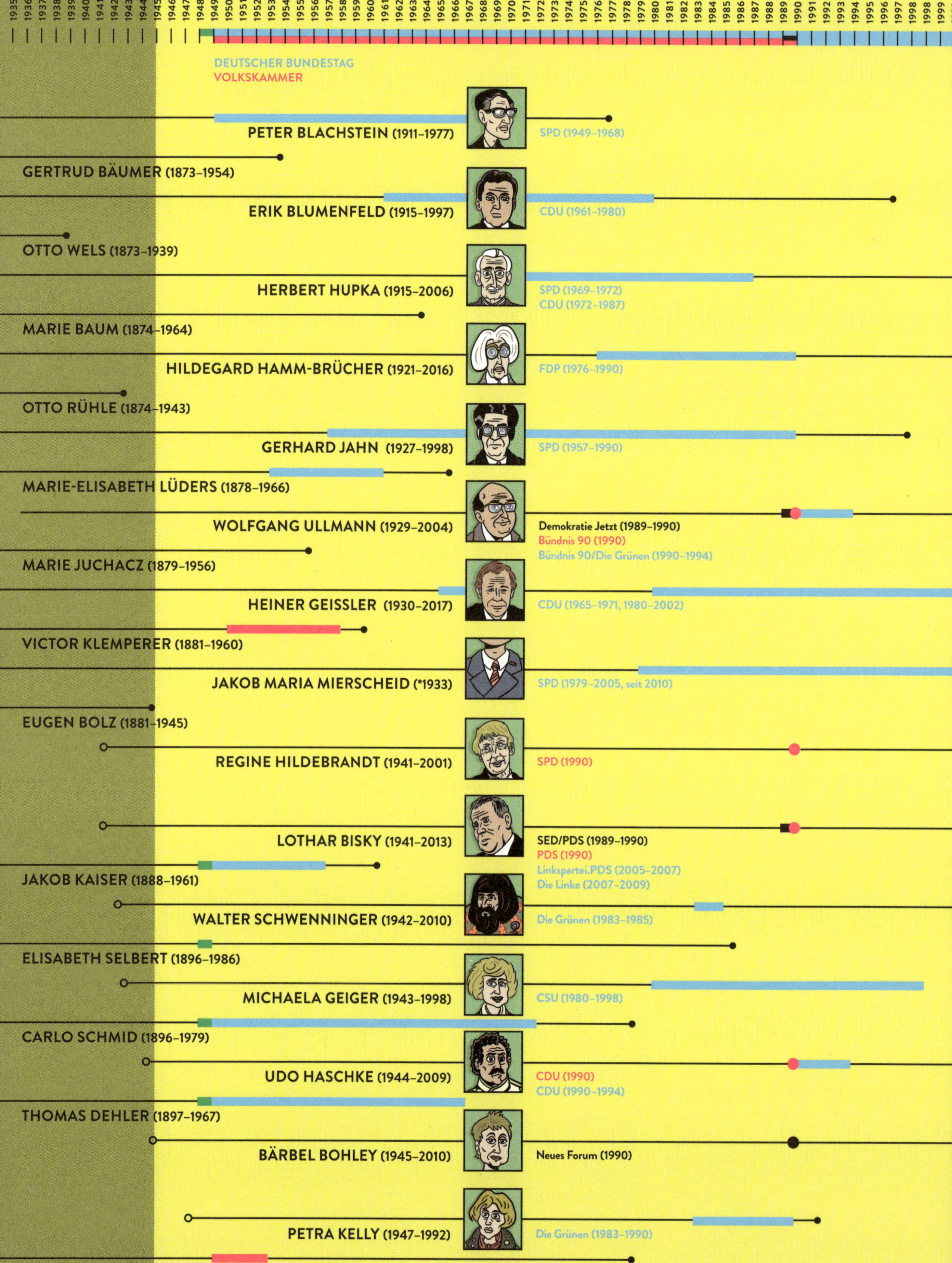

PARLAMENTARISCHER RAT
ZENTRALER RUNDER TISCH
1935 1936 1937 1938 1939 1940 1941 1942 1943 1944 1945 1946 1947 1948 1949 1950 1951 1952 1953 1954 1955 1956 1957 1958 1959 1960 1961 1962 1963 1964 1965 1966 1967 1968 1969 1970 1971 1972 1973 1974 1975 1976 1977 1978 1979 1980 1981 1982 1983 1984 1985 1986 1987 1988 1989 1990 1991 1992 1993 1994 1995 1996 1997 1998 1999 2000
DEUTSCHER BUNDESTAG
VOLKSKAMMER
PETER BLACHSTEIN (1911–1977)
SPD (1949–1968)
GERTRUD BÄUMER (1873–1954)
ERIK BLUMENFELD (1915–1997)
CDU (1961–1980)
OTTO WELS (1873–1939)
HERBERT HUPKA (1915–2006)
SPD (1969–1972)
CDU (1972–1987)
MARIE BAUM (1874–1964)
HILDEGARD HAMM-BRÜCHER (1921–2016)
FDP (1976–1990)
OTTO RÜHLE (1874–1943)
GERHARD JAHN (1927–1998)
SPD (1957–1990)
MARIE-ELISABETH LÜDERS (1878–1966)
WOLFGANG ULLMANN (1929–2004)
Demokratie Jetzt (1989–1990)
Bündnis 90 (1990)
Bündnis 90/Die Grünen (1990–1994)
MARIE JUCHACZ (1879–1956)
HEINER GEISSLER (1930–2017)
CDU (1965–1971, 1980–2002)
VICTOR KLEMPERER (1881–1960)
JAKOB MARIA MIERSCHEID (*1933)
SPD (1979–2005, seit 2010)
EUGEN BOLZ (1881–1945)
REGINE HILDEBRANDT (1941–2001)
SPD (1990)
LOTHAR BISKY (1941–2013)
SED/PDS (1989–1990)
PDS (1990)
Linkspartei.PDS (2005–2007)
Die Linke (2007–2009)
JAKOB KAISER (1888–1961)
WALTER SCHWENNINGER (1942–2010)
Die Grünen (1983–1985)
ELISABETH SELBERT (1896–1986)
MICHAELA GEIGER (1943–1998)
CSU (1980–1998)
CARLO SCHMID (1896–1979)
UDO HASCHKE (1944–2009)
CDU (1990)
CDU (1990–1994)
THOMAS DEHLER (1897–1967)
BÄRBEL BOHLEY (1945–2010)
Neues Forum (1990)
PETRA KELLY (1947–1992)
Die Grünen (1983–1990)
JULIUS MEYER (1909–1979)

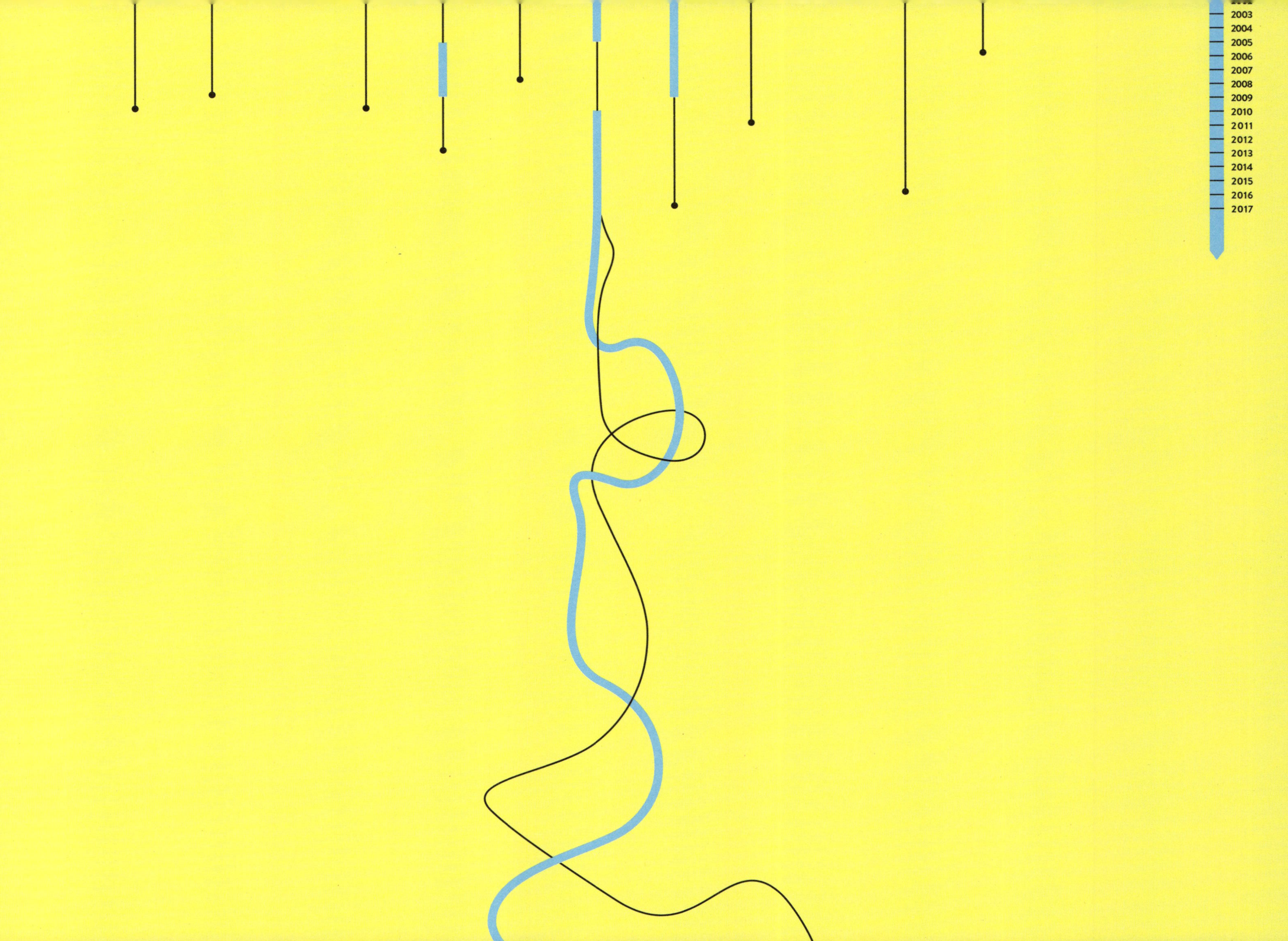
2003
2004
2005
2006
2007
2008
2009
2010
2011
2012
2013
2014
2015
2016
2017

Friedrich Siegmund Jucho

* 4. November 1805 in Frankfurt am Main; † 24. August 1884 ebenda

I. Als die Behörden der Stadt Frankfurt 1852 im Auftrag des Deutschen Bundes Friedrich Siegmund Jucho mit Gewalt das Archiv der Frankfurter Nationalversammlung entrissen, erlebten sie eine herbe Enttäuschung.

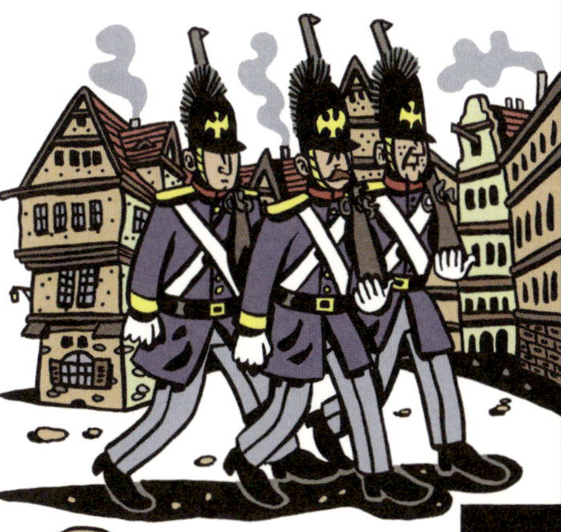

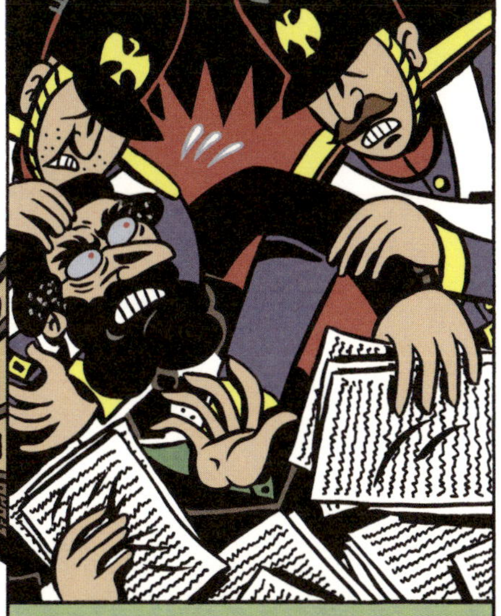

II. Denn das aus ihrer Sicht brisanteste Schriftstück fehlte – das Original der Reichsverfassung vom 28. März 1849.

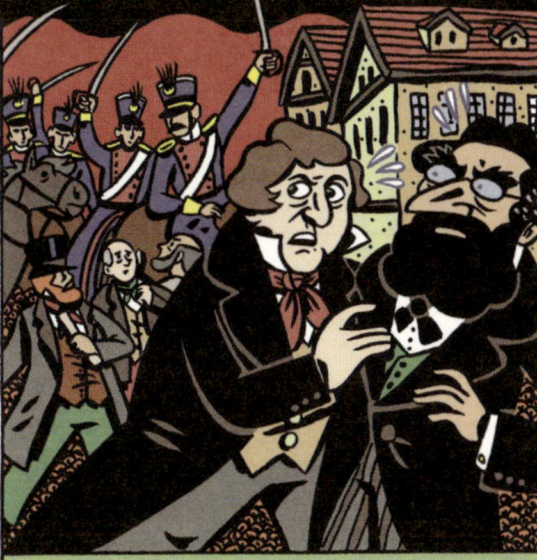

III. Drei Jahre zuvor, während des Zusammenbruchs des Rumpfparlaments, hatte Jucho von dessen Präsidenten Wilhelm Loewe den Auftrag erhalten, das Archiv von Stuttgart zurück in die Freie Stadt Frankfurt zu retten.

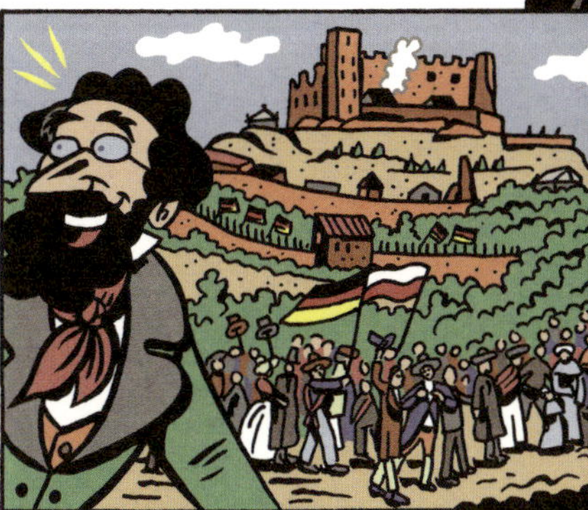

IV. Bereits als Student der Rechtswissenschaften in Halle war Jucho mit der liberalen Bewegung in Kontakt gekommen. 1827 kehrte er zurück in seine Heimatstadt Frankfurt und ließ sich als Advokat und Notar nieder. Er wurde Mitglied im Zentralkomitee des „Preß- und Vaterlandsvereins" und nahm 1832 am Hambacher Fest teil.

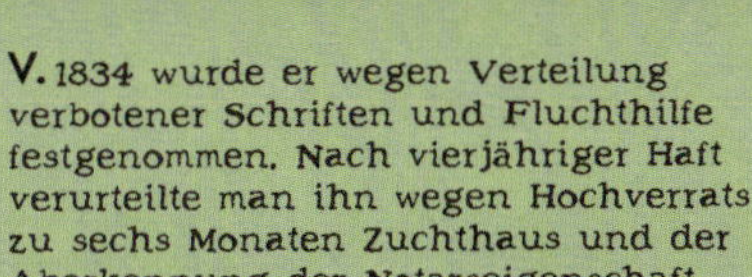

V. 1834 wurde er wegen Verteilung verbotener Schriften und Fluchthilfe festgenommen. Nach vierjähriger Haft verurteilte man ihn wegen Hochverrats zu sechs Monaten Zuchthaus und der Aberkennung der Notarseigenschaft.

VI. Nach Ausbruch der Märzrevolution war Jucho Schriftführer der Frankfurter Bürgerversammlung und Mitglied des Frankfurter Vorparlaments, dessen Protokolle er herausgab. 1848 organisierte er die Wahlen zur Frankfurter Nationalversammlung.

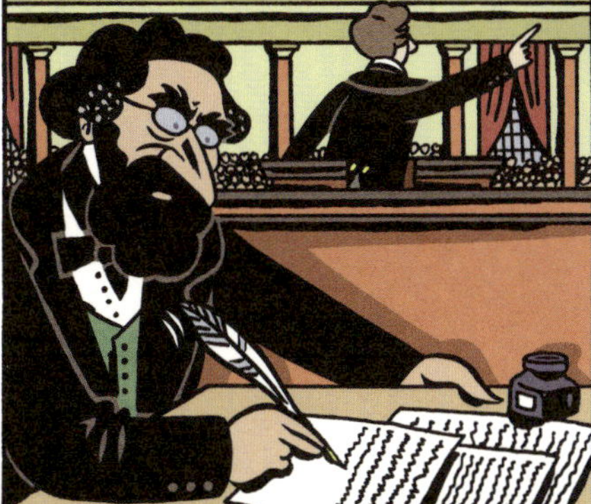

VII. Am 28. April 1848 entsandte man Friedrich Siegmund Jucho mit überragender Stimmzahl als Abgeordneten der Freien Stadt Frankfurt in die neugegründete Nationalversammlung, der er bis zu ihrem Ende im darauffolgenden Jahr als Schriftführer angehörte.

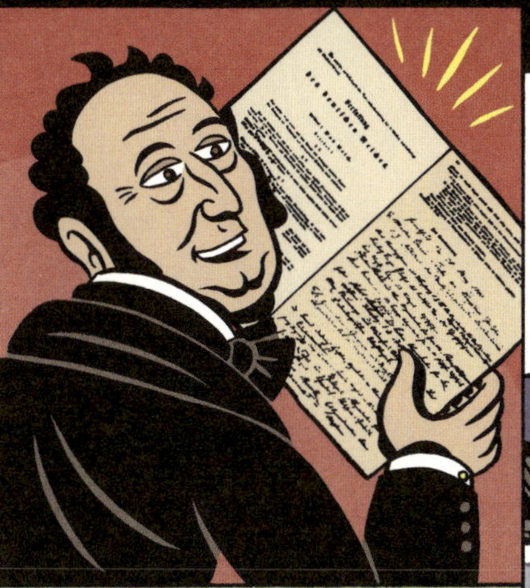

VIII. 1870 schickte Jucho das Original der Verfassung dem Präsidenten des Reichstages des Norddeutschen Bundes Eduard von Simson.

IX. Jucho hatte sie 1849 rechtzeitig in Sicherheit nach England gebracht – dem Mutterland der modernen Demokratie.

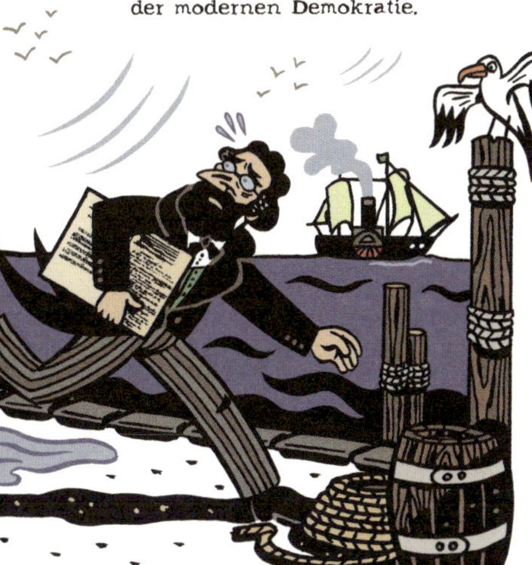

Robert Blum

* 10. November 1807 in Köln; † 9. November 1848 in der Brigittenau bei Wien

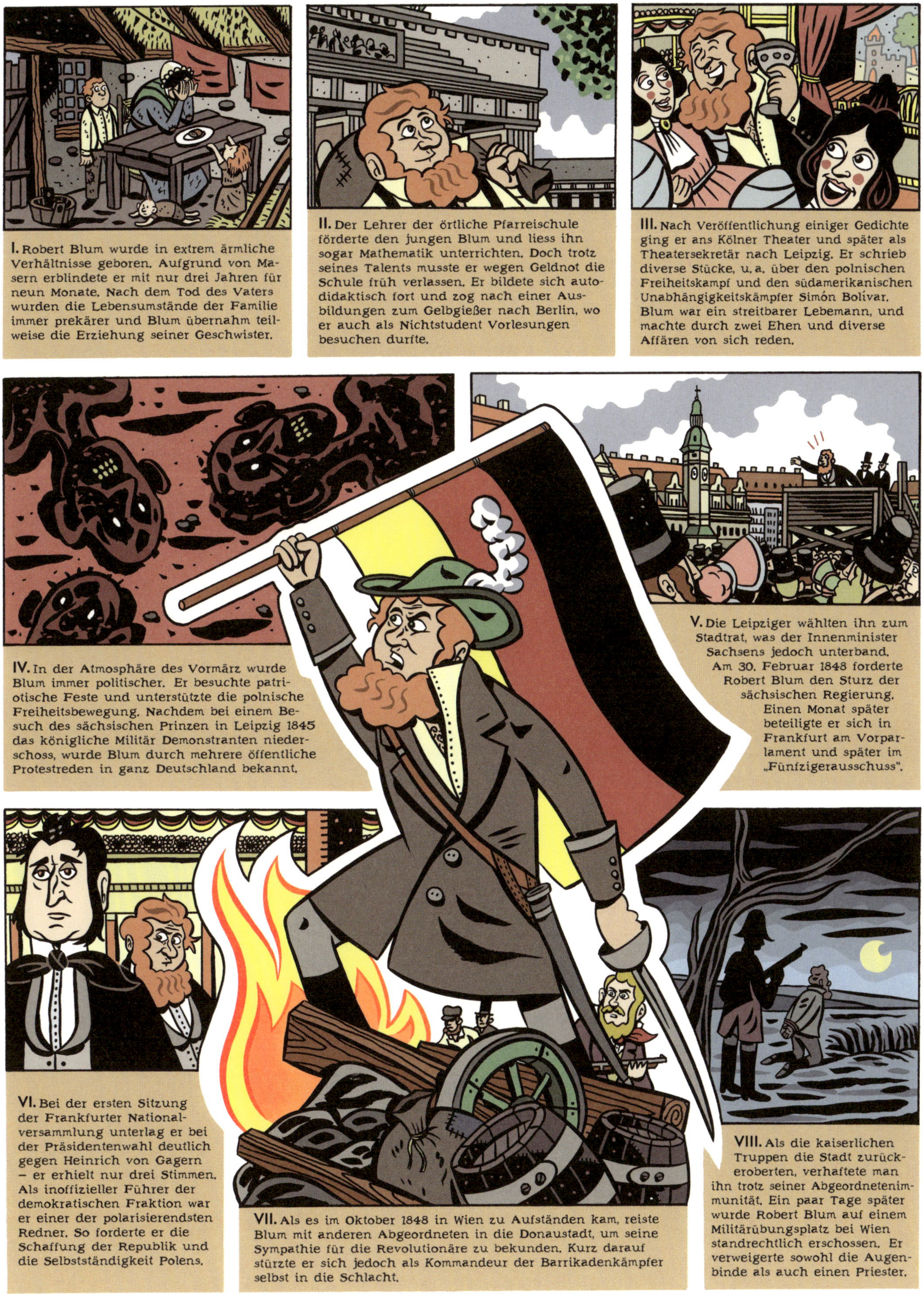

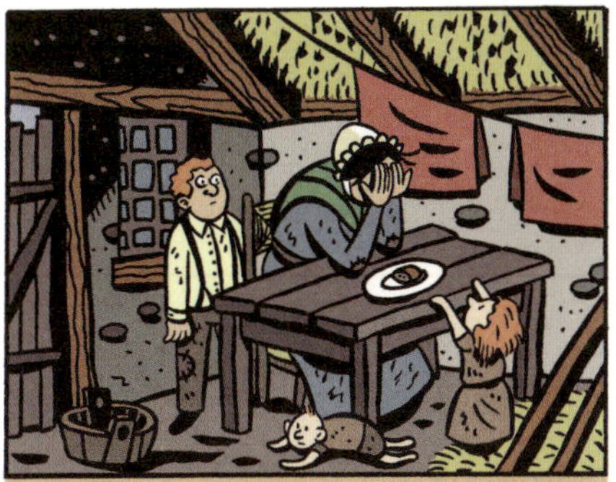

I. Robert Blum wurde in extrem ärmliche Verhältnisse geboren. Aufgrund von Masern erblindete er mit nur drei Jahren für neun Monate. Nach dem Tod des Vaters wurden die Lebensumstände der Familie immer prekärer und Blum übernahm teilweise die Erziehung seiner Geschwister.

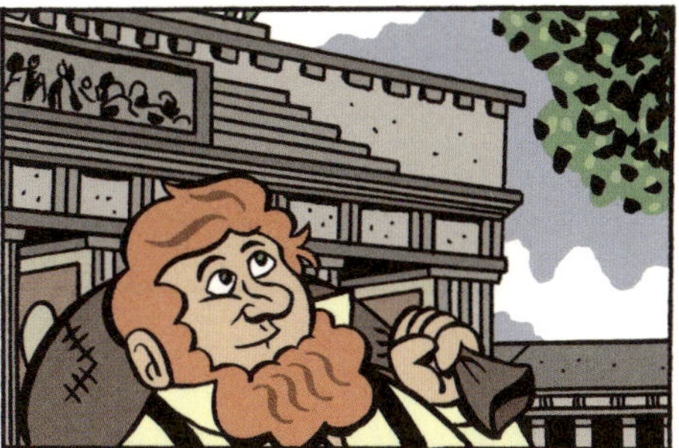

II. Der Lehrer der örtliche Pfarreischule förderte den jungen Blum und liess ihn sogar Mathematik unterrichten. Doch trotz seines Talents musste er wegen Geldnot die Schule früh verlassen. Er bildete sich autodidaktisch fort und zog nach einer Ausbildungen zum Gelbgießer nach Berlin, wo er auch als Nichtstudent Vorlesungen besuchen durfte.

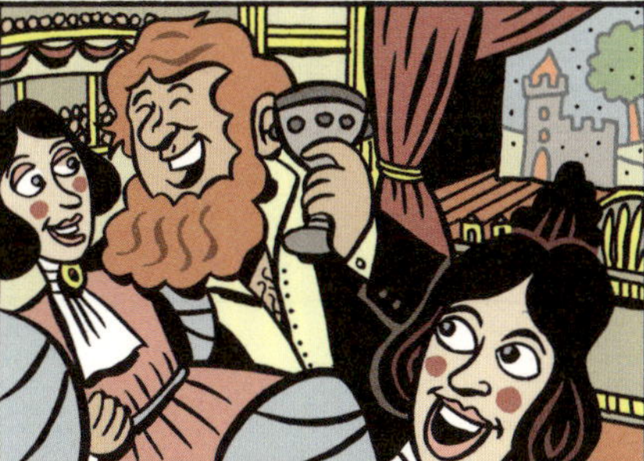

III. Nach Veröffentlichung einiger Gedichte ging er ans Kölner Theater und später als Theatersekretär nach Leipzig. Er schrieb diverse Stücke, u. a. über den polnischen Freiheitskampf und den südamerikanischen Unabhängigkeitskämpfer Simón Bolívar. Blum war ein streitbarer Lebemann, und machte durch zwei Ehen und diverse Affären von sich reden.

IV. In der Atmosphäre des Vormärz wurde Blum immer politischer. Er besuchte patriotische Feste und unterstützte die polnische Freiheitsbewegung. Nachdem bei einem Besuch des sächsischen Prinzen in Leipzig 1845 das königliche Militär Demonstranten niederschoss, wurde Blum durch mehrere öffentliche Protestreden in ganz Deutschland bekannt.

V. Die Leipziger wählten ihn zum Stadtrat, was der Innenminister Sachsens jedoch unterband. Am 30. Februar 1848 forderte Robert Blum den Sturz der sächsischen Regierung. Einen Monat später beteiligte er sich in Frankfurt am Vorparlament und später im „Fünfzigerausschuss".

VI. Bei der ersten Sitzung der Frankfurter Nationalversammlung unterlag er bei der Präsidentenwahl deutlich gegen Heinrich von Gagern – er erhielt nur drei Stimmen. Als inoffizieller Führer der demokratischen Fraktion war er einer der polarisierendsten Redner. So forderte er die Schaffung der Republik und die Selbstständigkeit Polens.

VII. Als es im Oktober 1848 in Wien zu Aufständen kam, reiste Blum mit anderen Abgeordneten in die Donaustadt, um seine Sympathie für die Revolutionäre zu bekunden. Kurz darauf stürzte er sich jedoch als Kommandeur der Barrikadenkämpfer selbst in die Schlacht.

VIII. Als die kaiserlichen Truppen die Stadt zurückeroberten, verhaftete man ihn trotz seiner Abgeordnetenimmunität. Ein paar Tage später wurde Robert Blum auf einem Militärübungsplatz bei Wien standrechtlich erschossen. Er verweigerte sowohl die Augenbinde als auch einen Priester.

Heinrich von Gagern

* 20. August 1799 in Bayreuth; † 22. Mai 1880 in Darmstadt

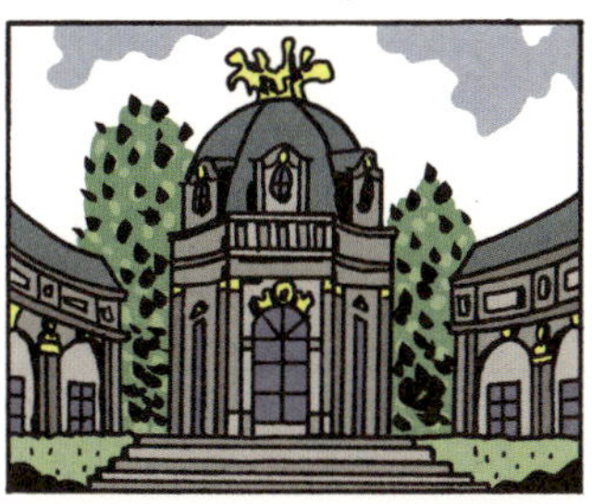

I. Als Sprössling eines mehr als 500 Jahre alten Adelsgeschlechts erblickte Heinrich von Gagern in der Neuen Eremitage in Bayreuth das Licht der Welt. Kurz zuvor war seine Familie vor französischen Revolutionstruppen aus dem hessischen Weilburg geflohen. Sein Weg war klar vorbestimmt. Er besuchte die Kadettenschule und wurde mit nur 15 Jahren Unterleutnant im Befreiungskrieg gegen Napoleon, wobei er bei Waterloo leicht verwundet wurde.

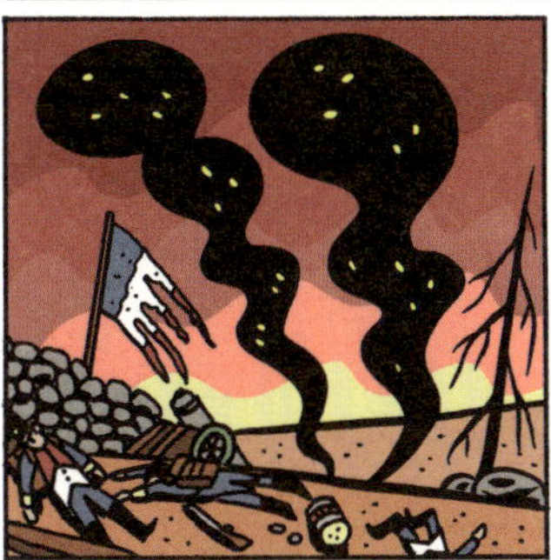

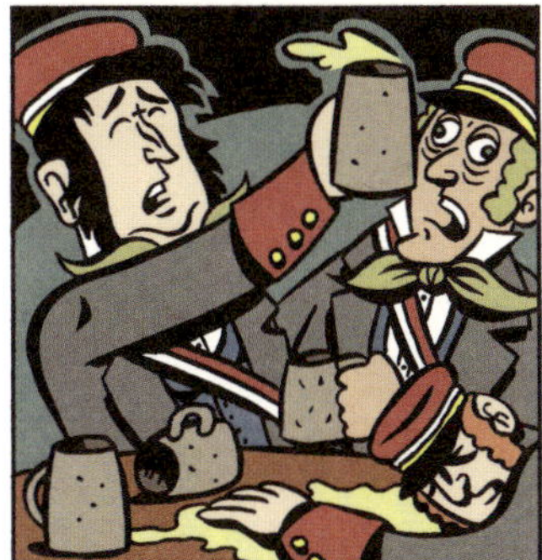

II. 1816 ging von Gagern zum Studium nach Heidelberg. Aber statt zu lernen, betrank und duellierte er sich und war stets knapp bei Kasse. Sein bislang wohlwollender Vater schickte ihn nach Jena – das Zentrum der Burschenschafterbewegung. Dort begeisterte sich von Gagern für demokratische Prinzipien und eine Verfassung. Deshalb versetzte ihn sein Vater erneut – diesmal nach Genf. Doch in der dortigen demokratisch-bürgerlichen Gesellschaft erlebte der junge Adelige seine entscheidendste Prägung und entdeckte nach eigenen Angaben erstmals seine „Individualität und bürgerliche Werte".

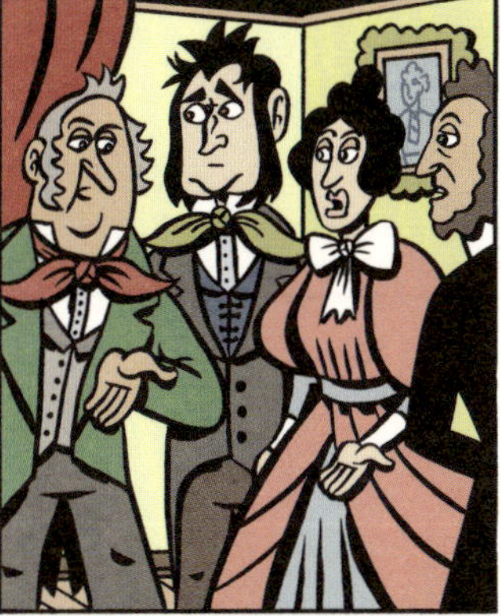

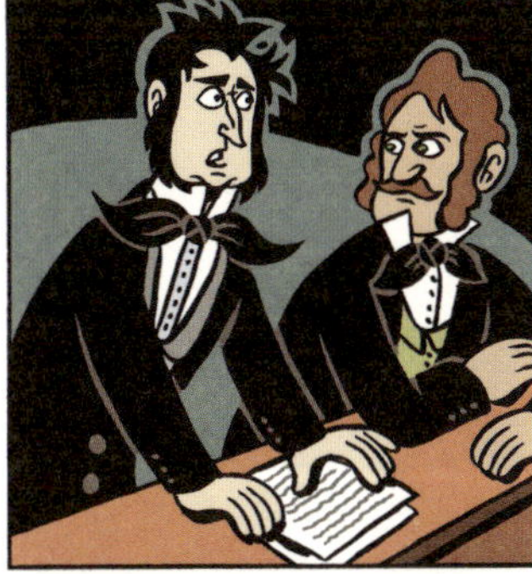

III. 1832 wurde Heinrich von Gagern Oppositionsführer im hessischen Landtag. Die Regierung reagierte auf die Opposition mit der Auflösung des Landtags und versetzte den erst 34-jährigen von Gagern in den Ruhestand. Zwei Jahre später wählte man ihn zum Präsidenten des Landstags. Doch die Regierung unterband seine Ernennung. Frustriert zog er sich für ganze dreizehn Jahre aus der Politik zurück.

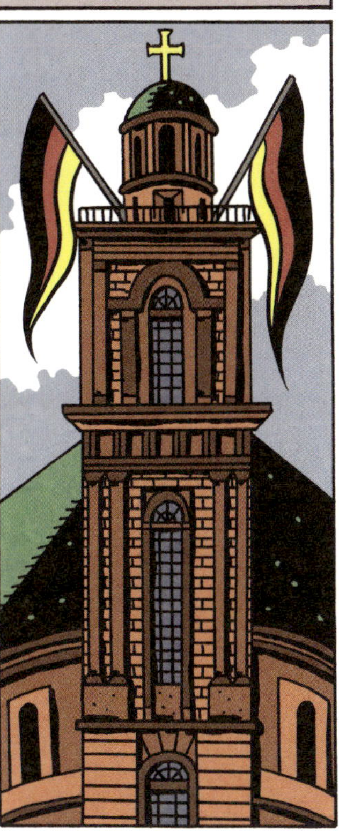

IV. Im Frühjahr 1848 ernannte man von Gagern zum Regierungschef im Großherzogtum Hessen, wo er reaktionäre Beamte entließ. Eine Teilnahme am Frankfurter Vorparlament lehnte er ab und war erbost, als man ihn auf die Liste für den „Siebenerausschuss" setzte. Er glaubte, eine Einigung Deutschlands sei nur durch die deutschen Fürsten zu bewerkstelligen. Auf Bitten liberaler Freunde kandidierte er jedoch für den Posten des Präsidenten der Frankfurter Nationalversammlung, um den linken Robert Blum zu verhindern. In der Folge wurde Heinrich von Gagern von den Abgeordneten sieben Mal im Amt bestätigt, mit teilweise über 91% der Stimmen.

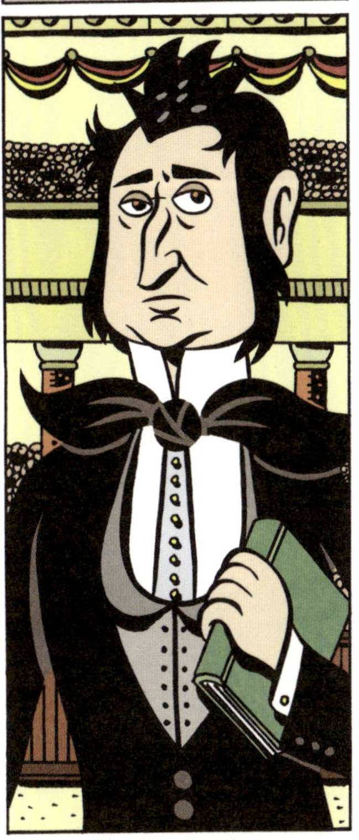

V. Um unabhängig zu bleiben, nahm von Gagern keine Diäten an, wodurch er sich jedoch immer mehr verschuldete. Als die Nationalversammlung einen Ministerpräsidenten als Exekutive plante, war von Gagern die erste Wahl. Dieser lehnte jedoch ab und brachte überraschend die Idee einer Zentralgewalt ins Spiel, der das Parlament folgte. Als überzeugter Vertreter einer konstitutionellen Monarchie nahm Heinrich von Gagern an der Kaiserdeputation in Berlin teil. Nach deren Scheitern litt er immer mehr an „nervösem Kopfschmerz". Am 19. Mai 1849 stimmte er aus Furcht vor einem Bürgerkrieg vom Krankenbett aus für die Auflösung des Parlaments. Einen Tag später legte Heinrich von Gagern sein Mandat nieder.

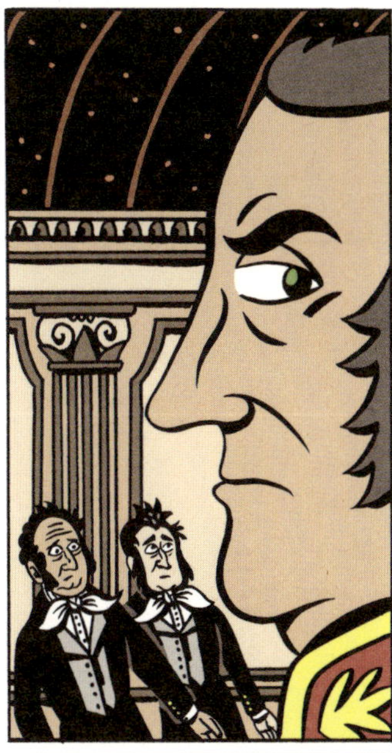

VI. Eher widerwillig beteiligte er sich 1850 an dem von Preußen initiierten kurzlebigen Erfurter Unionsparlament. Mit 51 Jahren trat er als Major kurzzeitig in die schleswig-holsteinische Armee ein und wirkte anschließend im Auftrag Hessen-Darmstadts als Diplomat in Wien. Begeistert von der Reichsgründung 1871 bewarb er sich als unabhängiger Kandidat in mehreren Wahlkreisen um ein Reichstagsmandat. Er gewann jedoch keine einzige Stimme. Eine neue Generation hatte das Ruder übernommen. Mit ihrem prominenten Vertreter hatte sich Heinrich von Gagern bereits bei ihrem ersten und einzigen Treffen 1850 überworfen – Otto von Bismarck.

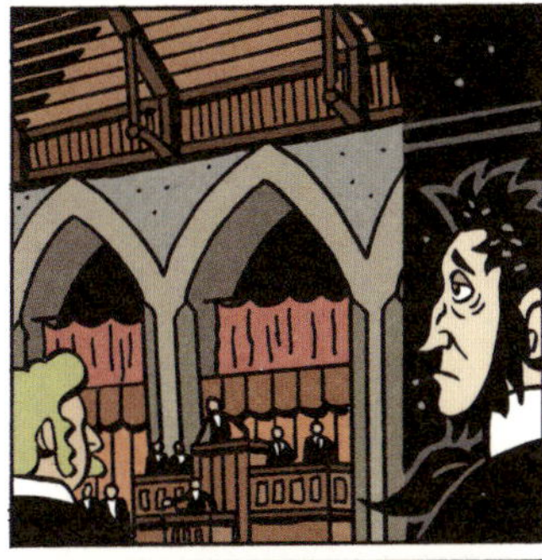

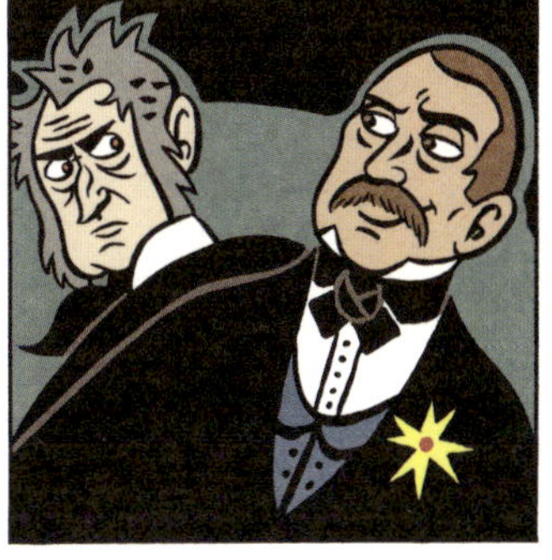

August Giacomo Jochmus

* 27. Februar 1808 in Hamburg; † 14. September 1881 in Bamberg

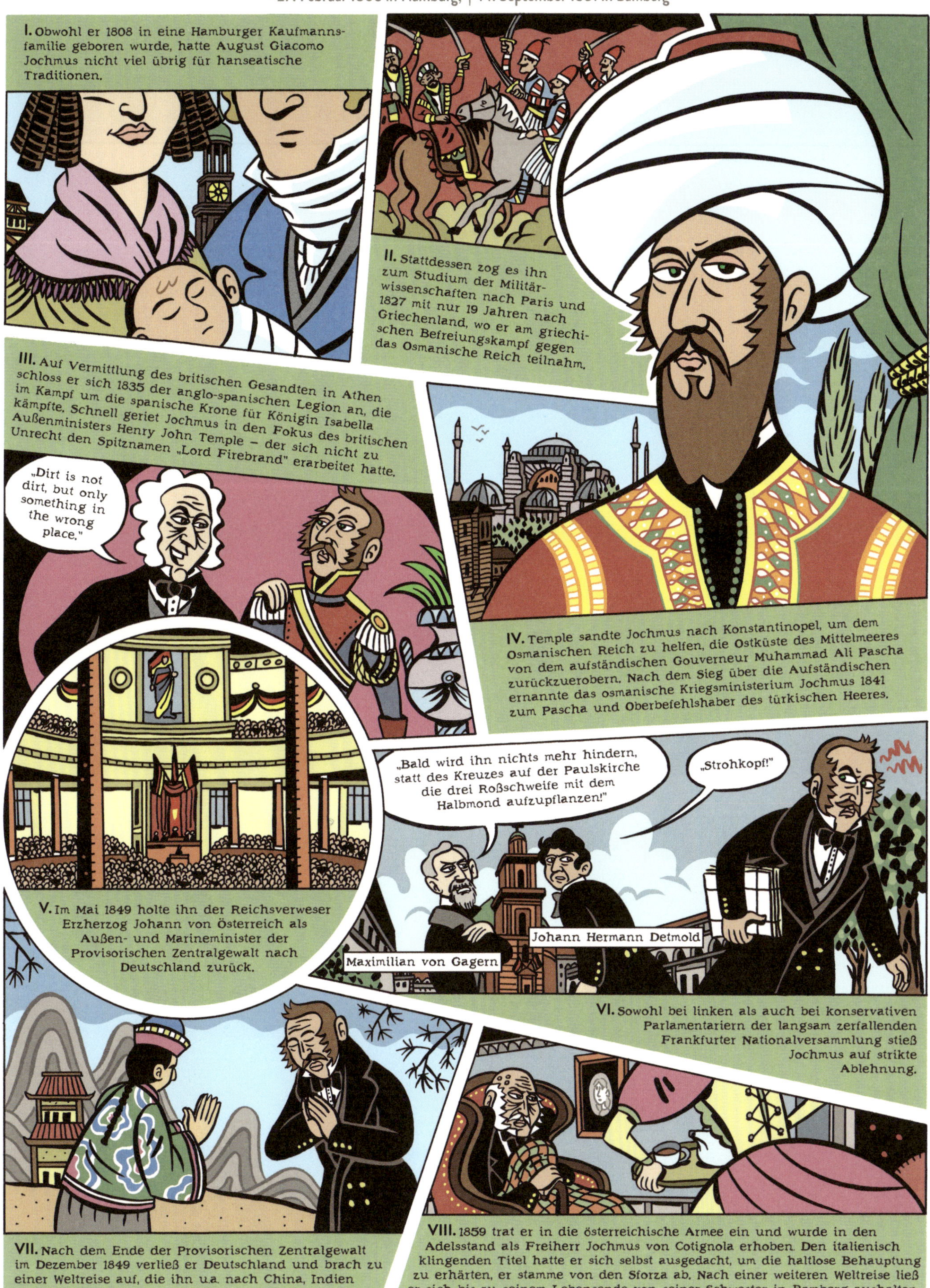

Moritz Hartmann

* 15. Oktober 1821 in Duschnik; † 13. Mai 1872 in Oberdöbling

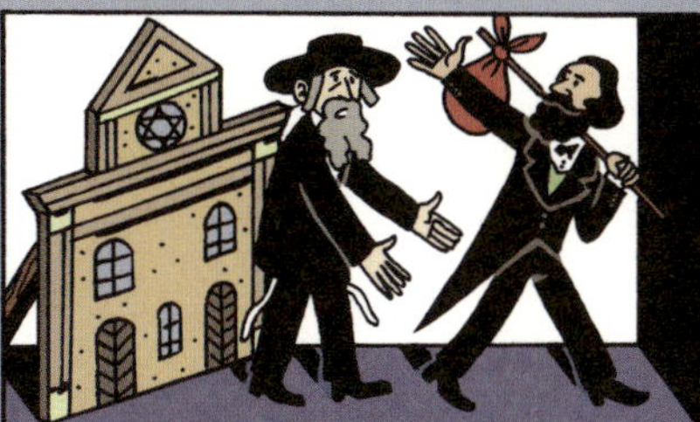

I. Moritz Hartmann wurde 1821 als Enkel eines orthodoxen Rabbiners im böhmischen Duschnik geboren. Während seiner Gymnasialzeit sah er sich immer wieder antisemitischen Anfeindungen ausgesetzt. Möglicherweise war dies einer der Gründe, weshalb er mit nur 17 Jahren aus dem Judentum austrat und sich zum Atheismus bekannte.

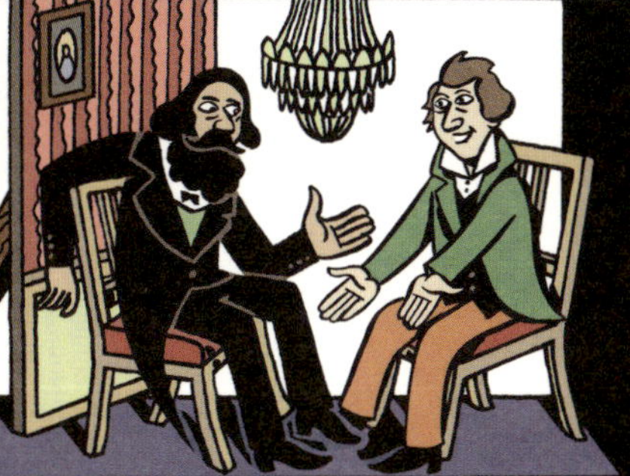

II. Nach einem Medizinstudium in Prag veröffentlichte er 1845 in Wien erste Gedichte, in denen er das Ende der Monarchie herbeisehnte. Hartmann floh vor der österreichischen Zensur nach Deutschland, wo er seinen späteren Freund Heinrich Heine kennenlernte.

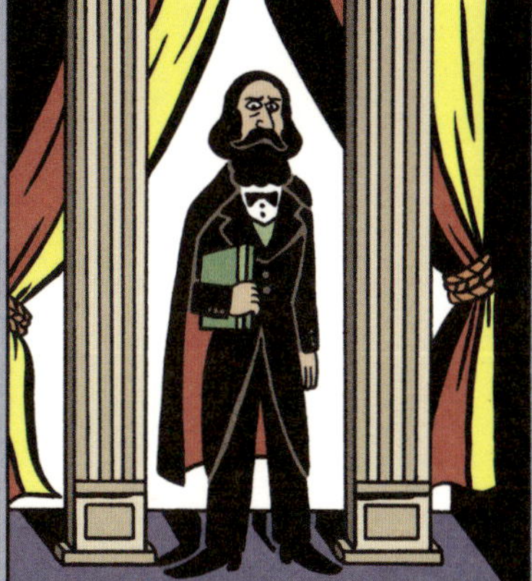

III. 1847 kehrte er zurück nach Böhmen und wurde als Abgeordneter des Distriktes Leitmeritz in die Frankfurter Nationalversammlung gewählt.

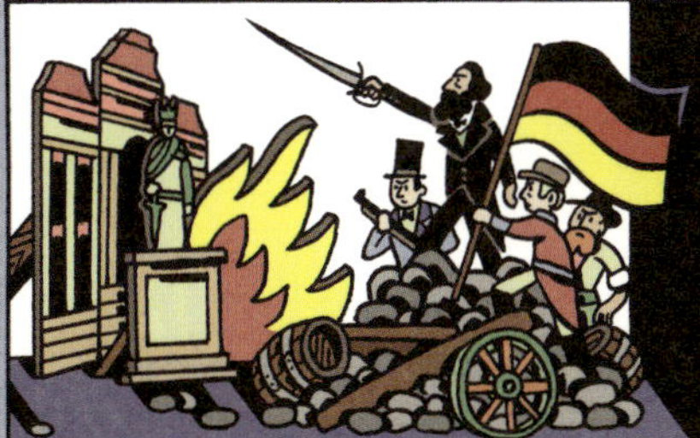

VI. Als einer der radikalsten Vertreter der demokratischen Linken schloss er sich gemeinsam mit Robert Blum und Julius Fröbel dem Wiener Oktoberaufstand von 1848 an. Im Gegensatz zu seinen Mitstreitern entging er jedoch der Verhaftung und folgte dem „Rumpfparlament" der Frankfurter Nationalversammlung nach Stuttgart.

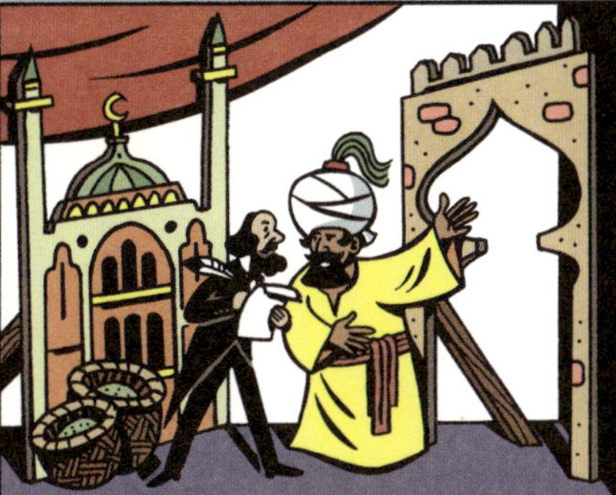

V. Nach der Teilnahme an der Badischen Revolution musste er endgültig aus Deutschland fliehen und bereiste als Journalist Europa. Ab 1854 berichtete Hartmann als Korrespondent für die *Kölnische Zeitung* aus Istanbul über den Krimkrieg.

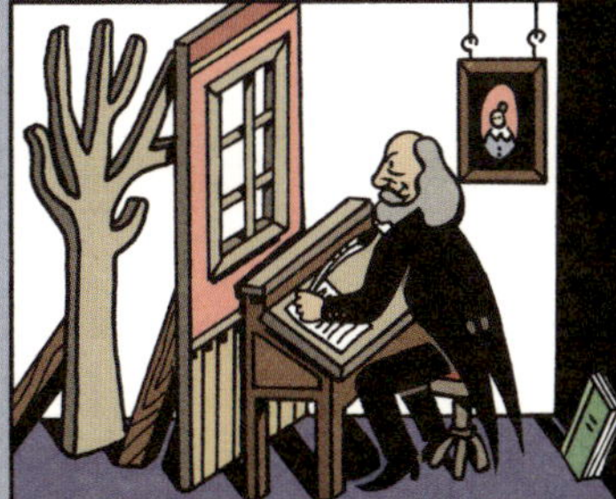

VI. 1860 wurde er Dozent in Genf und ab 1867 Redakteur mehrerer Zeitungen. Moritz Hartmanns bis heute wohl bekanntestes Werk ist die Satire *Reimchronik des Pfaffen Maurizius*, in der er sich ausgiebig über seine Zeit in der Frankfurter Nationalversammlung lustig macht.

Johann Hermann Detmold

* 24. Juli 1807 in Hannover; † 17. März 1856 ebenda

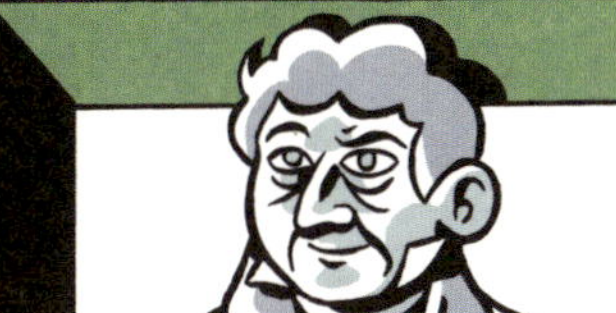

I. Auch Moritz Hartmanns Parlamentskollege Johann Hermann Detmold setzte sich satirisch mit der Frankfurter Nationalversammlung auseinander.

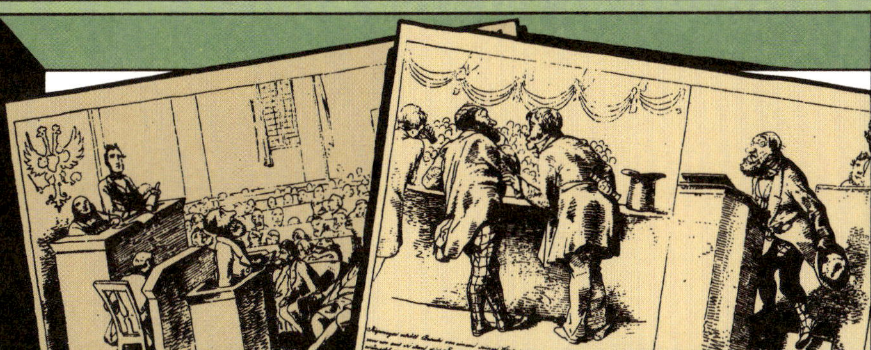

II. Inspiriert von den Arbeiten des Schweizers Rodolphe Töpffer, der vielen als Erfinder des modernen Comics gilt, veröffentlichte Detmold zusammen mit dem Zeichner Adolf Schrödter 1849 unter dem Titel *Thaten und Meinungen des Herrn Piepmeyer* mehrere Bildergeschichten. Diese Abenteuer um den fiktiven Abgeordneten Piepmeyer sind vermutlich der erste deutsche Comic – 16 Jahre vor *Max und Moritz*. Nach nur sechs Heften trennten sich jedoch die Wege von Detmold und Schrödter aufgrund gravierender politischer Meinungsverschiedenheiten.

Eduard von Simson

* 10. November 1810 in Königsberg i. Pr.; † 2. Mai 1899 in Berlin

I. Als der Präsident des Norddeutschen Reichstags Eduard Simson am 18. Dezember 1870 zusammen mit einer Delegation Abgeordneter König Wilhelm I. von Preußen in Versailles um die Annahme der Kaiserkrone bat, schloss sich für ihn in vielerlei Hinsicht ein Kreis.

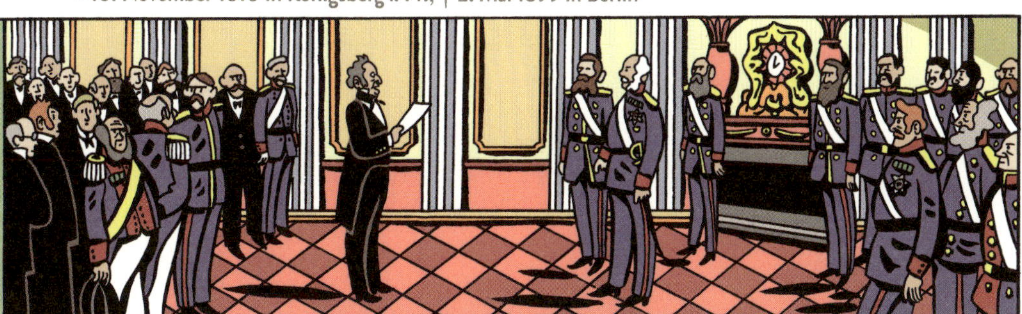

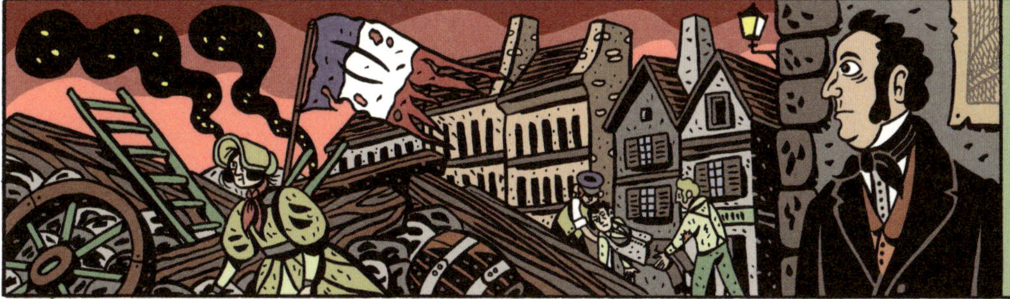

II. Das erste Mal war er bereits kurz nach der Julirevolution von 1830 nach Paris gereist. Die Machtergreifung des französischen Bürgertums, die mit der Krönung des Bürgerkönigs Louis Philippe von Orléans endete, hatte einen bleibenden Eindruck bei dem jungen Jurist hinterlassen.

III. Eduard Simson war extrem zielstrebig und ehrgeizig. Wie viele deutsche Juden konvertierte er aus gesellschaftlichen Gründen zum Christentum. Mit gerade einmal 19 Jahren promovierte er und nur vier Jahre später wurde er außerordentlicher Professor an der Universität Königsberg.

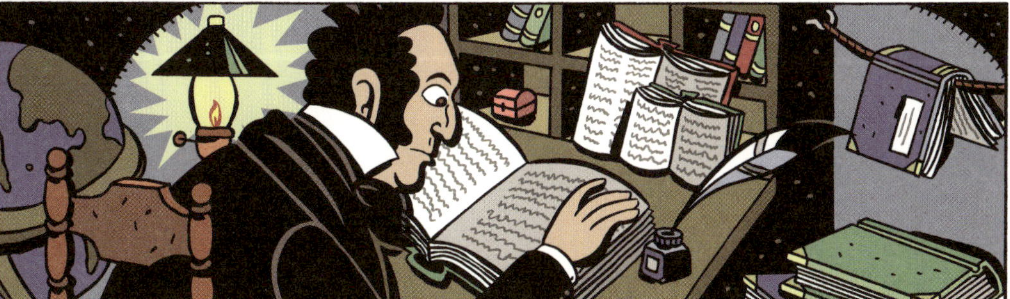

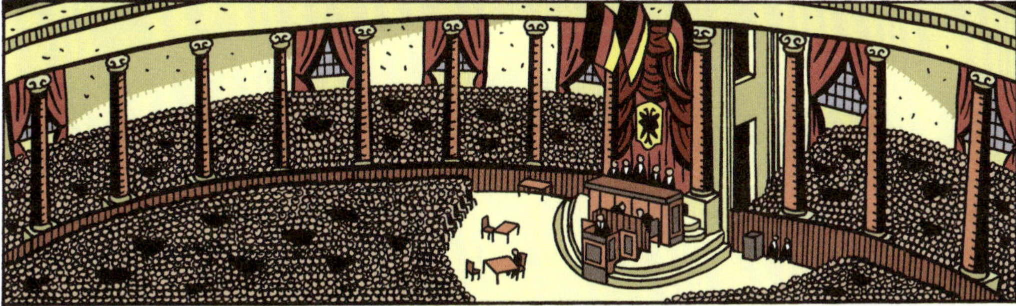

IV. Zusammen mit seinem jüngeren Bruder Georg wurde Simson im Mai 1848 Abgeordneter der Frankfurter Nationalversammlung. Er war zunächst Sekretär im Gesamtvorstand, ab Oktober 1848 Vizepräsident und ab Dezember 1848 sogar Präsident des Parlaments.

V. Als erster deutscher Verfassungsvater war Simson maßgeblich an der Reichsverfassung von 1849 beteiligt. Am 3. April 1849 reiste Simson an der Spitze einer Delegation von Abgeordneten nach Berlin, um dem preußischen König Friedrich Wilhelm IV. die Kaiserwürde anzubieten. Doch die Kaiserdeputation scheiterte kläglich. Der König von Preußen hatte kein Interesse an einem „imaginären Reif, aus Dreck und Letten".

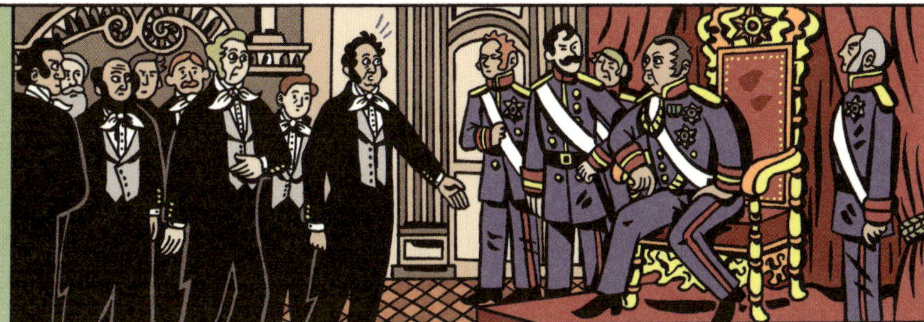

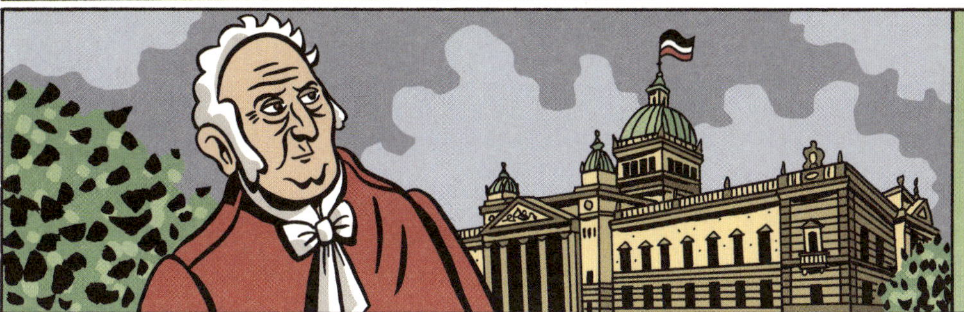

VI. Nach dem Scheitern der Nationalversammlung gründete Simson 1867 die „Nationalliberale Partei" und wurde Präsident des Reichstags des Norddeutschen Bundes. Nach der Reichsgründung 1871 stand er auch dem gesamtdeutschen Reichstag vor. 1877 legte er sein Mandat nieder und wurde Präsident des Reichsgerichts in Leipzig. 1888 erhob ihn Kaiser Friedrich III. in den erblichen Adelsstand.

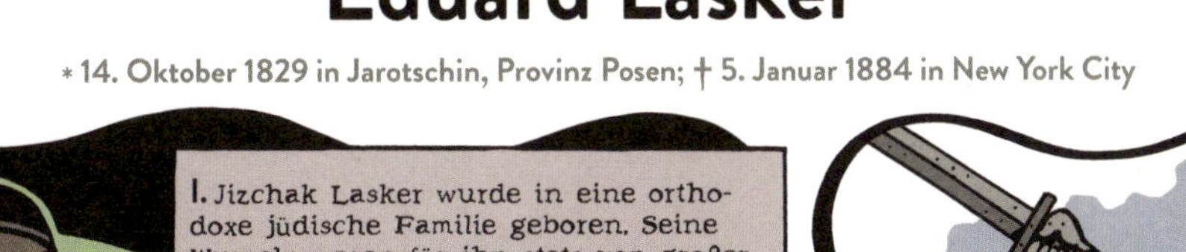

Eduard Lasker

* 14. Oktober 1829 in Jarotschin, Provinz Posen; † 5. Januar 1884 in New York City

I. Jizchak Lasker wurde in eine orthodoxe jüdische Familie geboren. Seine Wurzeln waren für ihn stets von großer Bedeutung und obwohl er seinen Vornamen in Eduard änderte und als Erwachsener fast nie die Synagoge besuchte, war er im antisemitisch geprägten Klima seiner Zeit zu keinen Kompromissen bereit.

II. Lasker studierte Mathematik und Philosophie in Breslau, unterbrach seine Studium jedoch zwischenzeitlich, um sich 1848 dem Wiener Oktoberaufstand anzuschließen. Durch die politischen Ereignisse beeinflusst, begann er daraufhin Jura zu studieren und ging 1853 für drei Jahre nach Großbritannien.

III. Als man ihm nach dem Staatsexamen 1857 in Berlin einen Richterposten anbot, allerdings unter der Bedingung, dass er zum Christentum konvertiere, lehnte Eduard Lasker die Stelle ab. Im Jahr 1865 erhielt er ein Mandat für das preußische Abgeordnetenhaus und gründete zwei Jahre später die „Nationalliberale Partei".

IV. Otto von Bismarck vertraute Lasker fast blind bei juristischen Fragen, wie der Bundesverfassung von 1867 und der Justizgesetzgebung des Kaiserreichs, doch hinter seinem Rücken überzog er ihn mit antisemitischen Kränkungen. Der Reichskanzler fühlte sich von dem mit bestechender Sachkenntnis ausgestatteten Lasker zunehmend bedroht, denn dieser forderte u. a. die Abschaffung der Todesstrafe, das freie Mandat, Abgeordnetenimmunität, Pressefreiheit sowie das Versammlungsrecht. Vor allem aber setzte er sich immer wieder vehement für eine Stärkung des Parlaments ein.

V. Als Lasker 1873 die Verwicklung mehrerer Abgeordneter in einen Korruptionsskandal parlamentarisch aufklärte, war der Bruch mit Bismarck und weiten Teilen des Reichstags zementiert. Zähneknirschend stimmte Lasker für das „Sozialistengesetz". In der Frage der Schutzzölle verweigerte er jedoch die Zustimmung, trat aus seiner Partei aus und gründete eine eigene Fraktion – die „Sezession".

VI. Lasker war ein einsamer Asket, der fast nur für seine kräftezehrende politische Arbeit lebte. Nach einen Zusammenbruch 1883 legte er jedoch alle Ämter nieder. Ein Jahr später starb Lasker während eines Kuraufenthaltes in den USA. Seine Grabrede in New York hielt der US-Innenminister und ehemalige 48er-Revolutionär Carl Schurz.

VII. Ein Kondolenzschreiben des amerikanischen Kongresses an den Reichstag wies Bismarck mit der Begründung zurück, „die Tätigkeit des Verstorbenen sei dem deutschen Volk nicht nützlich gewesen". Erst drei Jahre nach Bismarcks Tod wurde Eduard Lasker 1901 in Deutschland auf dem jüdischen Friedhof an der Schönhauser Allee in Berlin beigesetzt.

Ludwig Bamberger

* 22. Juli 1823 in Mainz; † 14. März 1899 in Berlin

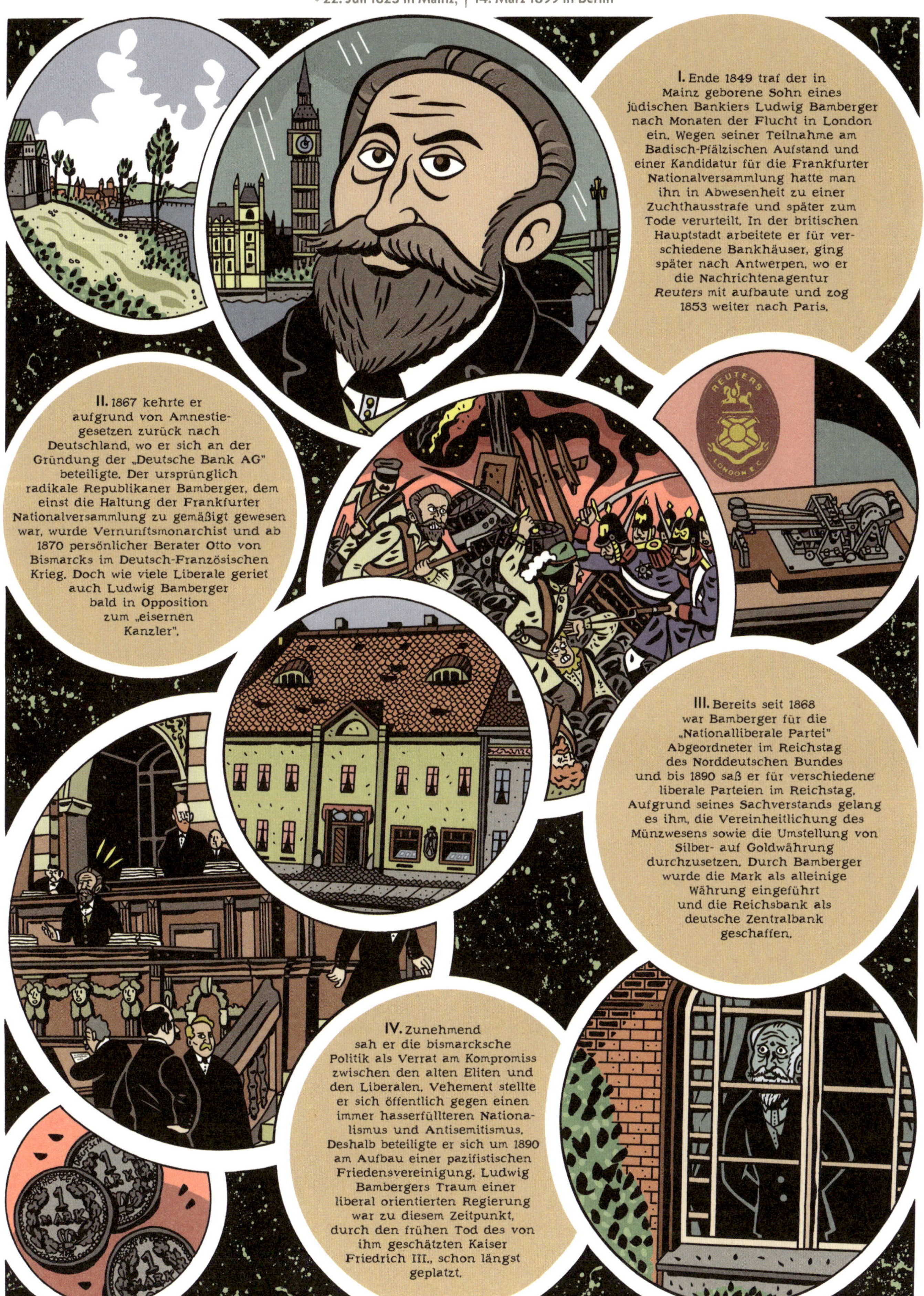

Ludwig Windthorst

* 17. Januar 1812 auf Gut Caldenhof in Ostercappeln bei Osnabrück; † 14. März 1891 in Berlin

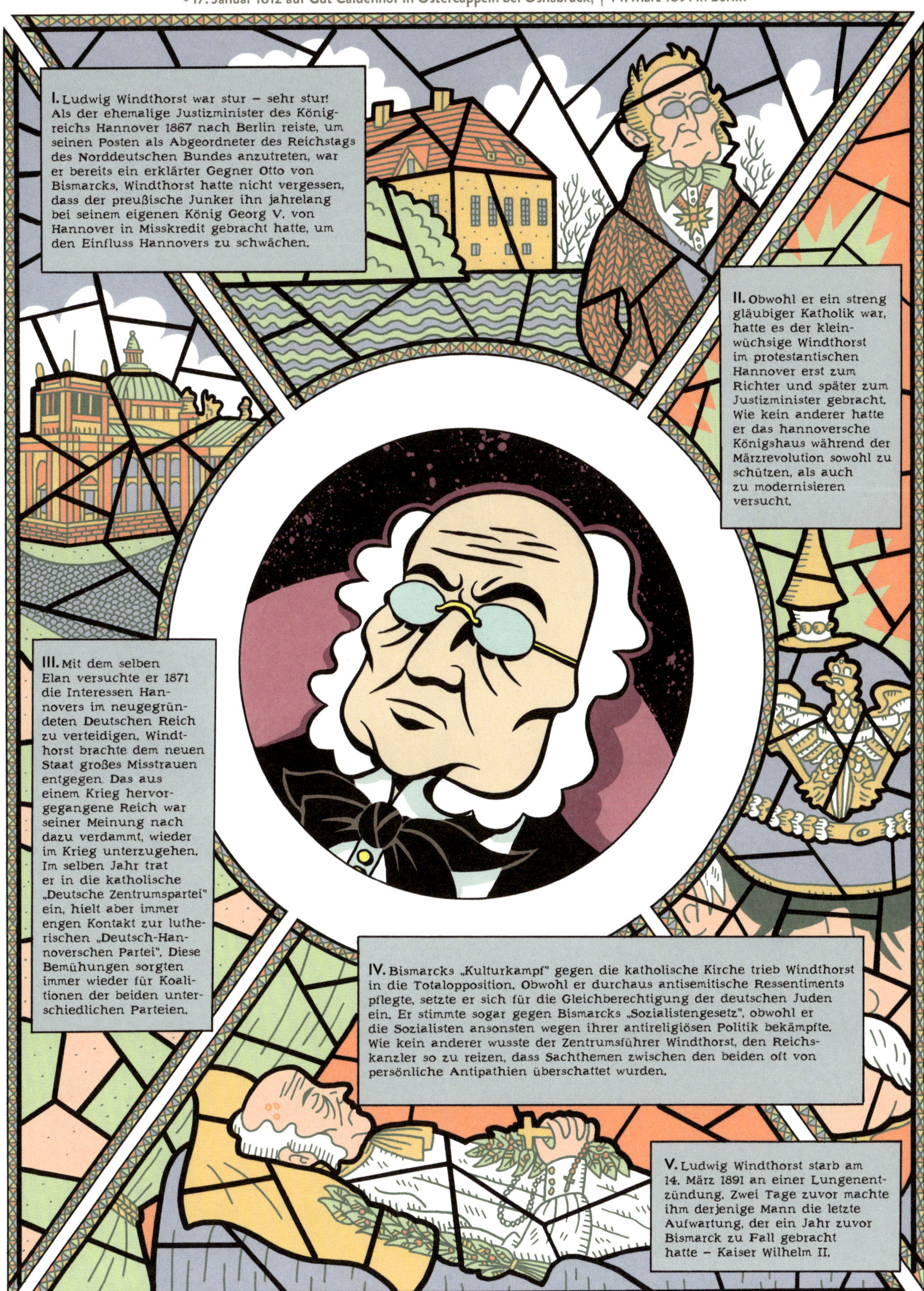

Rudolf Ludwig Karl Virchow

* 13. Oktober 1821 in Schivelbein; † 5. September 1902 in Berlin

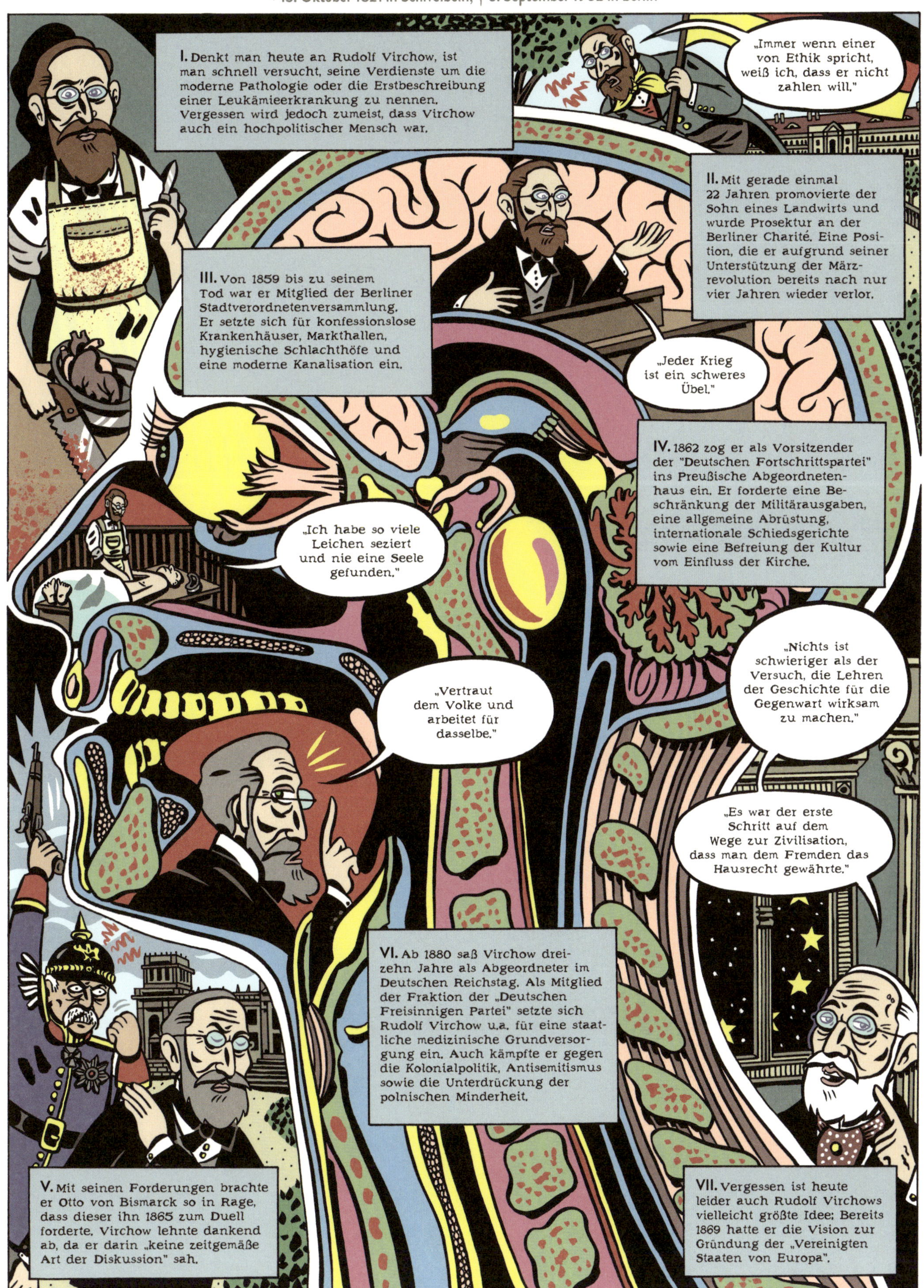

Eugen Richter

* 30. Juli 1838 in Düsseldorf; † 10. März 1906 in Groß-Lichterfelde, Berlin

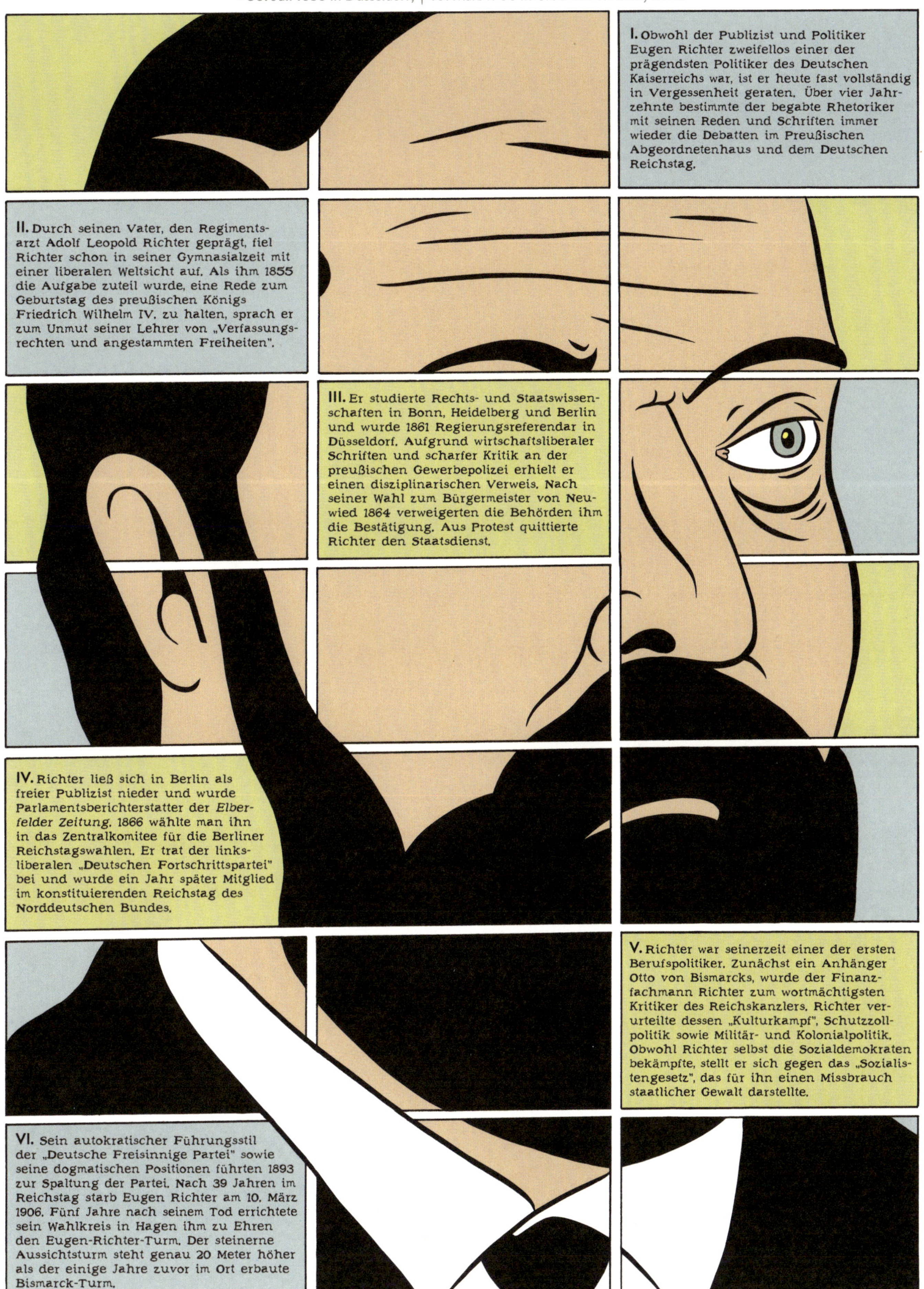

Ferdynand Fryderyk von Radziwiłł

* 19. Oktober 1834 in Berlin; † 28. Februar 1926 in Rom

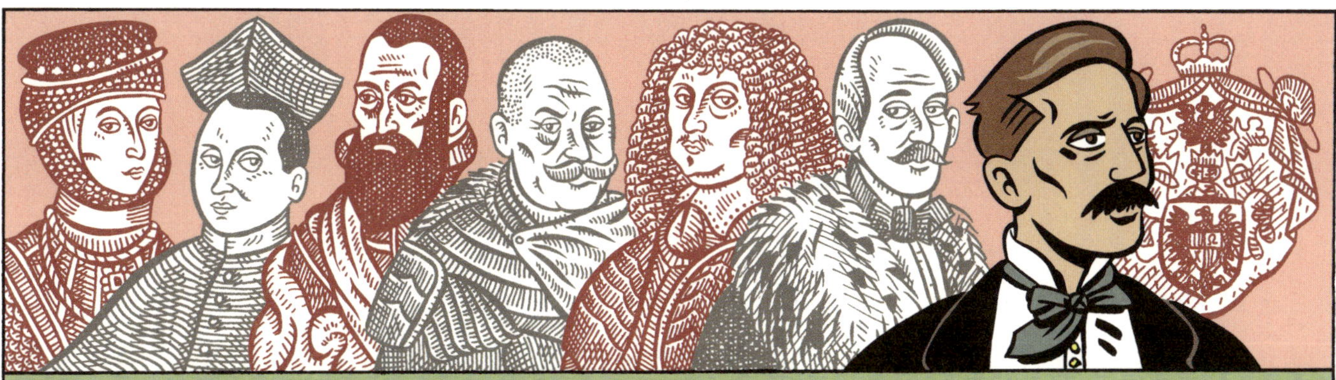

I. Ferdynand Fryderyk Radziwiłł wurde als Sohn des polnischen Fürsten Boguslaw von Radziwiłł in Berlin geboren. Von jeher war das alte Adelsgeschlecht eng mit dem preußischen Herrscherhaus verbunden. Nach dem Studium der Rechtswissenschaften arbeitete Radziwiłł als Regierungsreferendar. 1855 verließ er den preußischen Staatsdienst und verwaltete zunächst die Familiengüter bei Olyka.

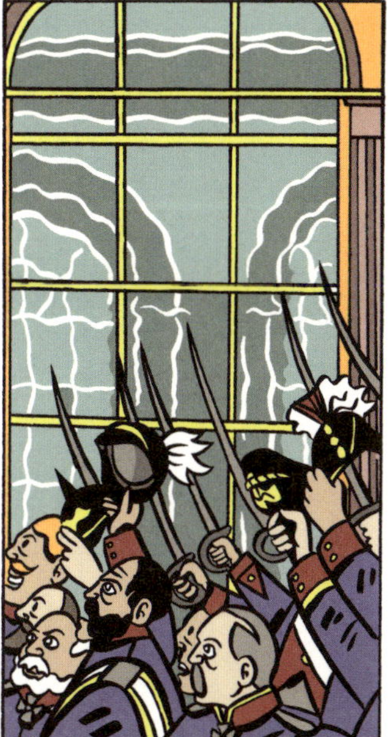

II. Nach der Krönung seines Vetters Wilhelm I. zum Deutschen Kaiser und der Gründung des Deutschen Reichs kehrte Radziwiłł 1874 als Abgeordneter des Wahlkreises Posen nach Berlin zurück.

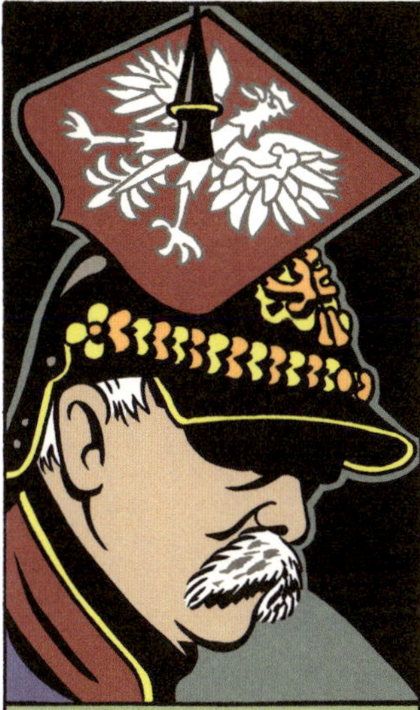

III. Mit großer Sorge betrachteten Radziwiłł und die restlichen 2,5 Millionen Polen im Königreich Preußen die neue nationale Begeisterung der Deutschen. Bismarcks Kulturkampf kündigte das preussische Prinzip der Toleranz auf. 1876 wurde Deutsch zur alleinigen Amtssprache erklärt und 1885 mehr als 30000 Polen des Landes verwiesen.

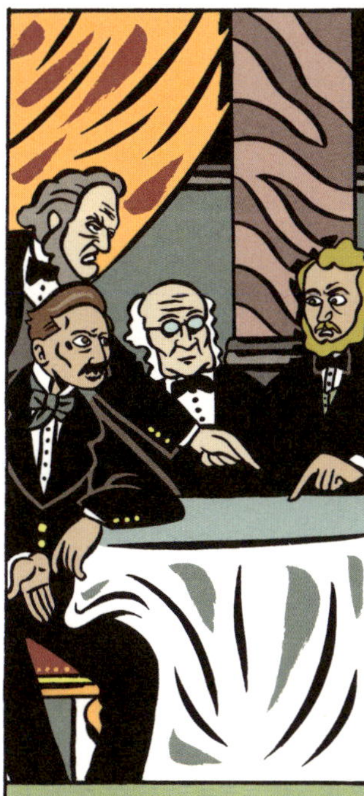

IV. Als Führer der polnischen Fraktion im Reichstag arbeitete Radziwiłł eng mit der Zentrumspartei zusammen. Zeitweise galt sein Haus in Berlin als Keimzelle der Opposition gegen Bismarck.

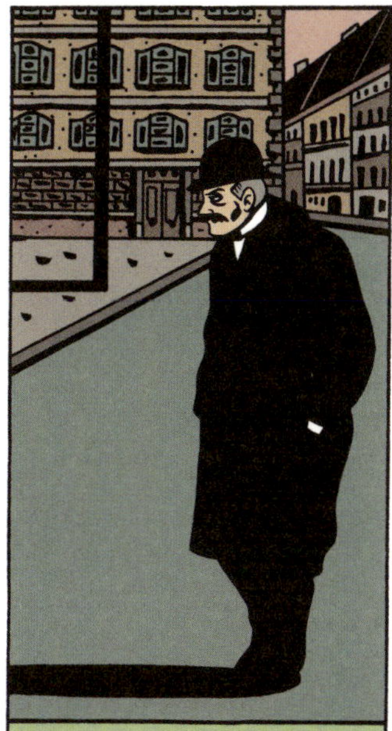

V. In seinen dreißig Jahren als Fraktionsführer setze er sich für Minderheiten, die freie Religionsausübung und das Sprechen der eigenen Sprache ein. Jedoch gingen Teile der polnischen Oberschicht in Preußen aus Angst vor Repressalien auf Distanz zu ihm.

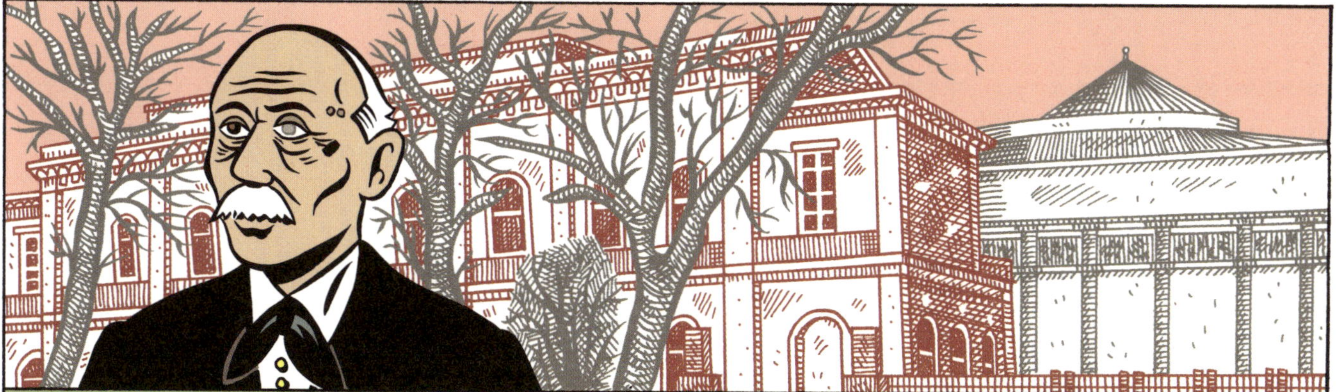

VI. 1917 bekannte er noch einmal öffentlich seine Loyalität zu Deutschland, doch bereits ein Jahr später wurde er Staatsbürger des neugegründeten polnischen Staates. Nach dem Ersten Weltkrieg war Ferdynand Fryderyk Radziwiłł Abgeordneter und ab 1919 auch Alterspräsident des Sejm der Zweiten Polnischen Republik.

Hugo Haase

* 29. September 1863 in Allenstein, Ostpreußen; † 7. November 1919 in Berlin

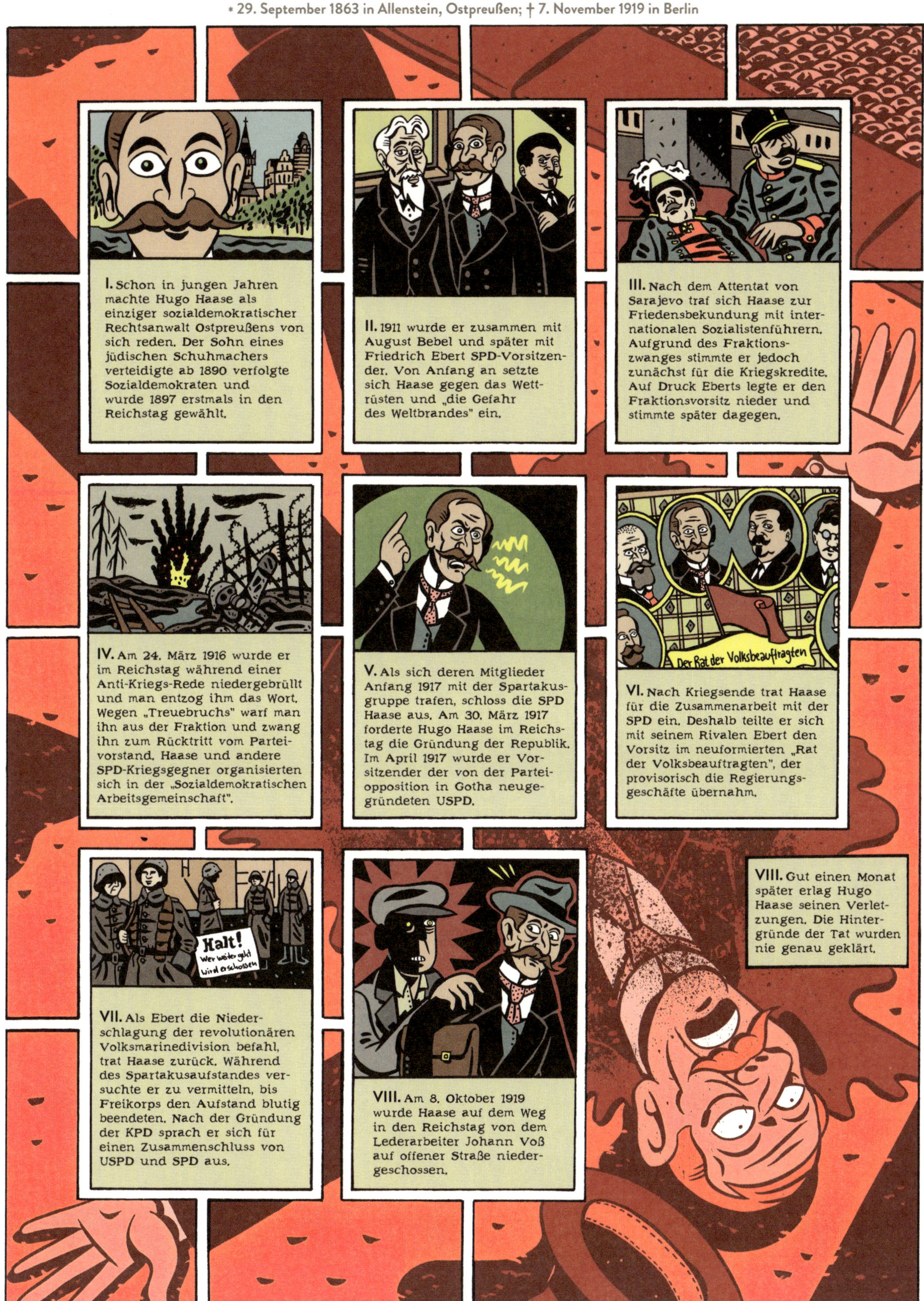

Marie Juchacz

* 15. März 1879 in Landsberg an der Warthe; † 28. Januar 1956 in Düsseldorf

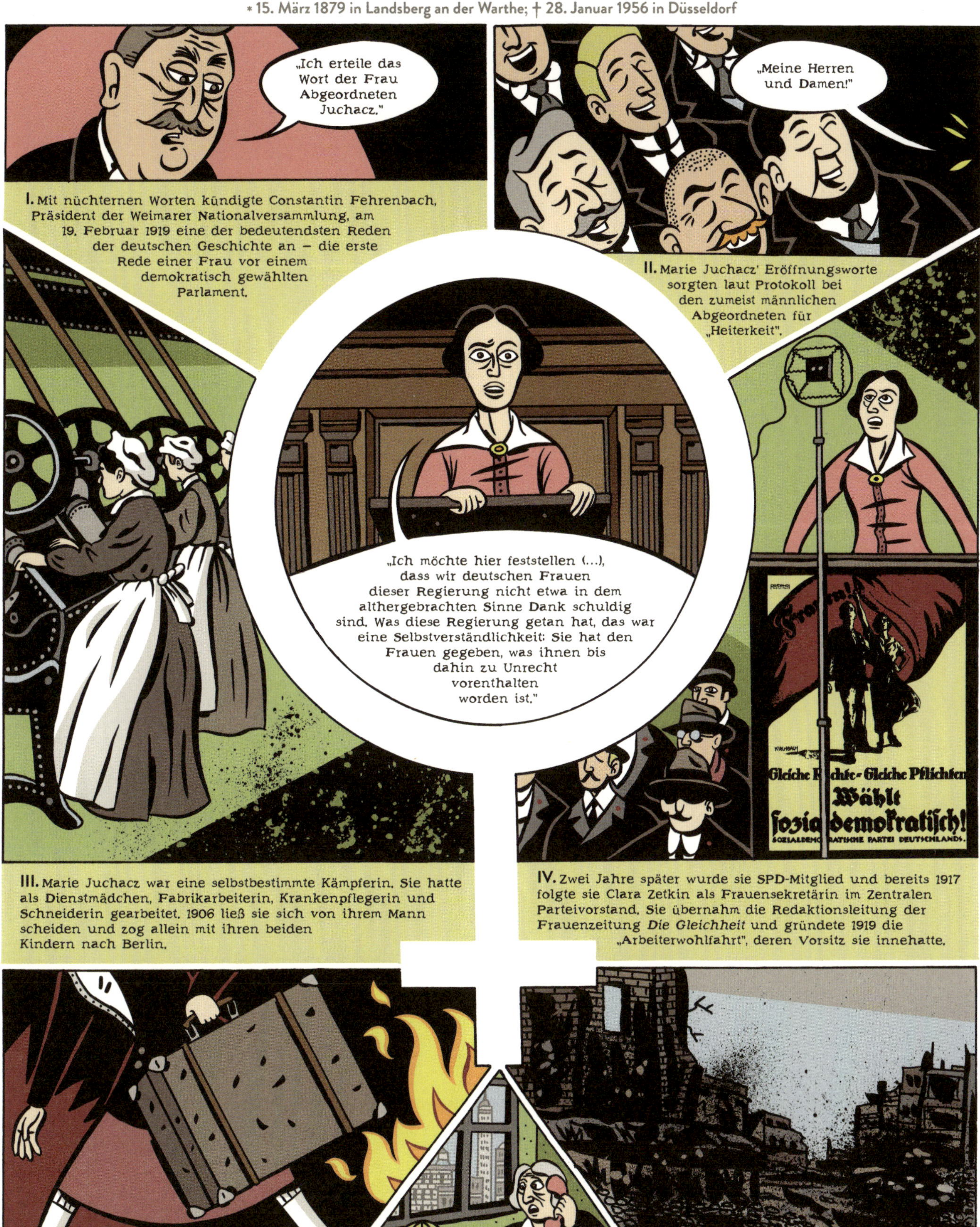

Clara Zetkin

* 5. Juli 1857 in Wiederau; † 20. Juni 1933 in Archangelskoje bei Moskau

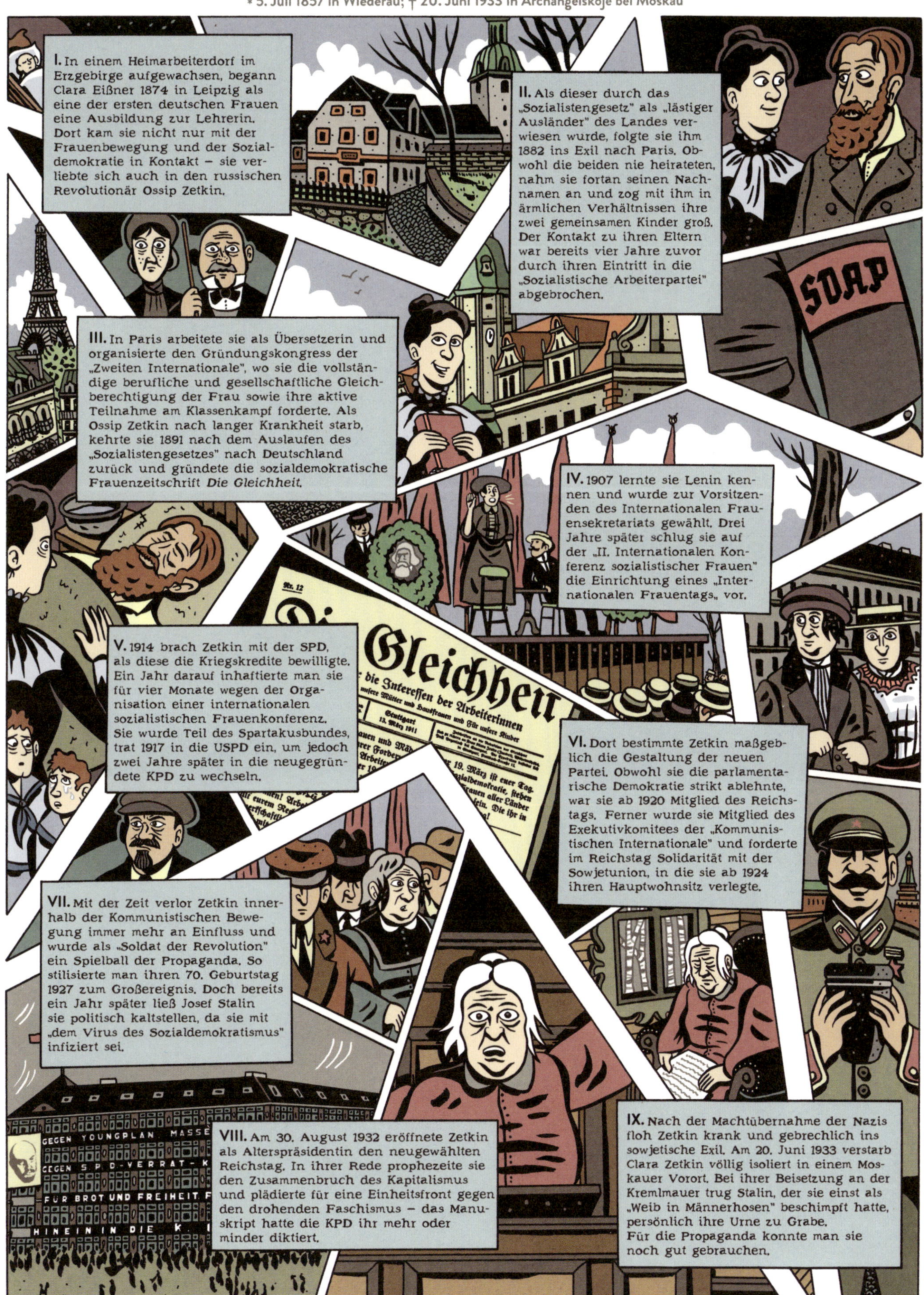

Otto Rühle

∗ 23. Oktober 1874 in Großvoigtsberg; † 24. Juni 1943 in Mexiko-Stadt

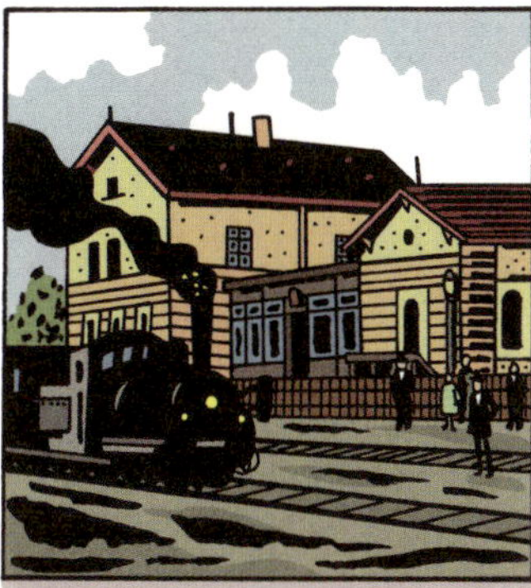

I. Otto Rühle wurde 1874 als Sohn eines Eisenbahnbeamten im sächsischen Großvoigtsberg geboren. Nach dem Studium am Lehrerseminar in Oschatz arbeite er ab 1895 als Hauslehrer der Gräfin von Bühren, gründete jedoch ein Jahr später eine sozialistische Sonntagsschule, nachdem er in die SPD eingetreten war.

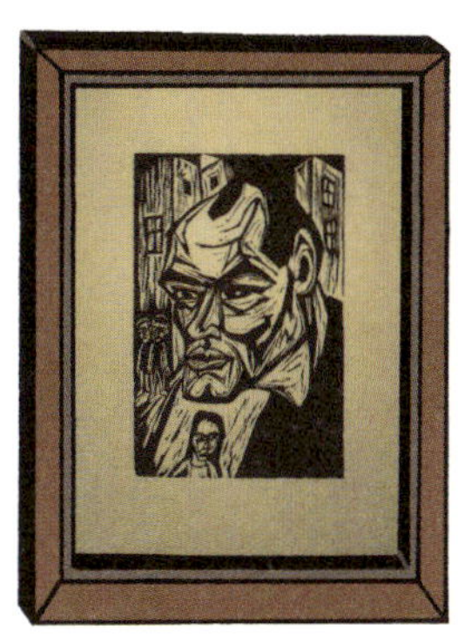

Hermann Scherer
Porträt Otto Rühle II
1925-1926

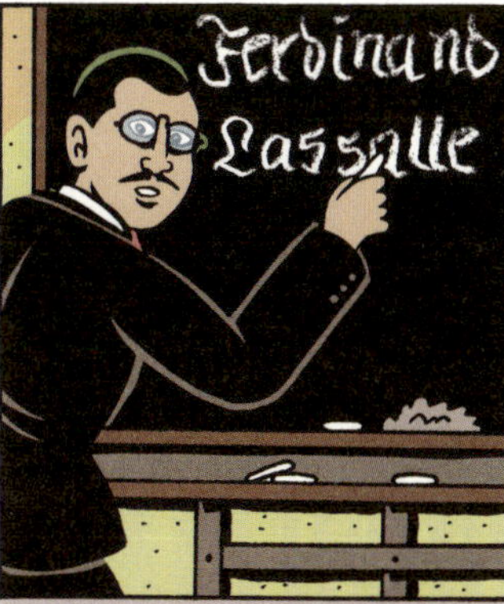

II. Aufgrund seines Kampfes gegen überholte Schulmethoden wurde er 1902 als Volksschullehrer entlassen. Fortan leitete er die „Sozialdemokratische Bildungsgesellschaft" in Hamburg und arbeitete als Wanderlehrer für die SPD.

III. Im Jahr 1912 wurde er für den Wahlkreis Pirna-Sebnitz als Abgeordneter der SPD in den Reichstag gewählt. Dort stimmte Otto Rühle zusammen mit Karl Liebknecht am 20. März 1915 als einziger Abgeordneter gegen die Bewilligung der Kriegskredite.

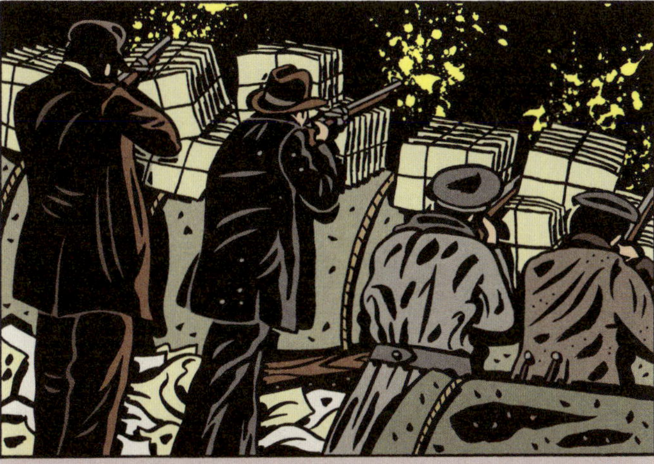

IV. Ein Jahr später brach Rühle mit der SPD, beteiligte sich am Aufbau des Spartakusbundes und nach Kriegsende an der Gründung der KPD. Otto Rühle radikalisierte sich immer mehr. Bereits 1920 warf man ihn aus der KPD und ein halbes Jahr später aus der KAPD. Rühle wurde Anarchist.

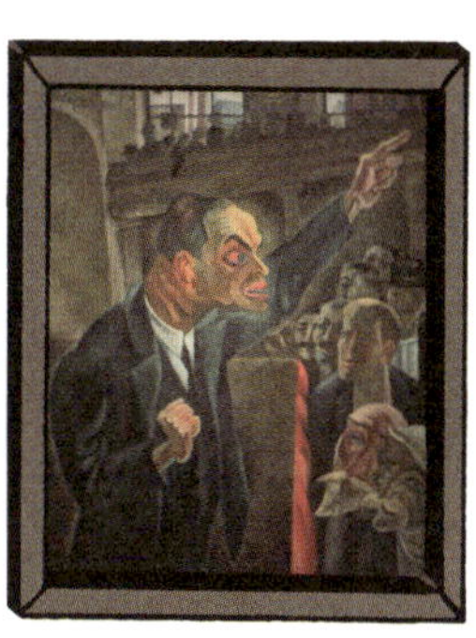

Conrad Felixmüller
Der Agitator
Otto Rühle spricht
1920

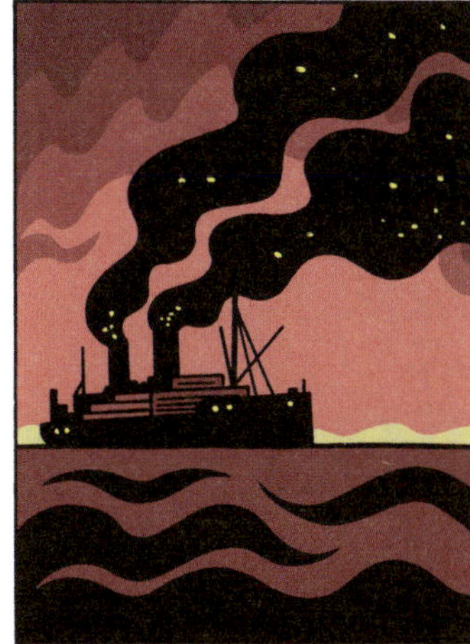

V. 1932 verließ Otto Rühle mit seiner Frau, der tschechischen Schriftstellerin Alice Rühle-Gerstel, Deutschland in Richtung Prag und später Mexiko.

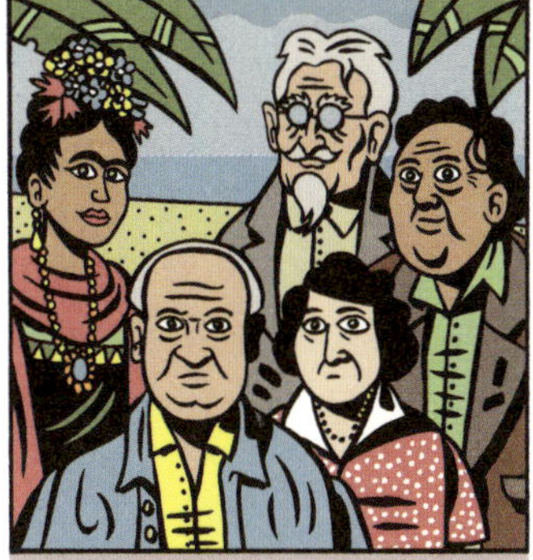

VI. Dort prüfte er 1937 in einer Kommission die im Moskauer Schauprozess gegen seinen Freund Leo Trotzki erhobenen Vorwürfe. Doch trotz Freunden wie Trotzki, Frida Kahlo und Diego Rivera wurden die Rühles in Mexiko nie heimisch.

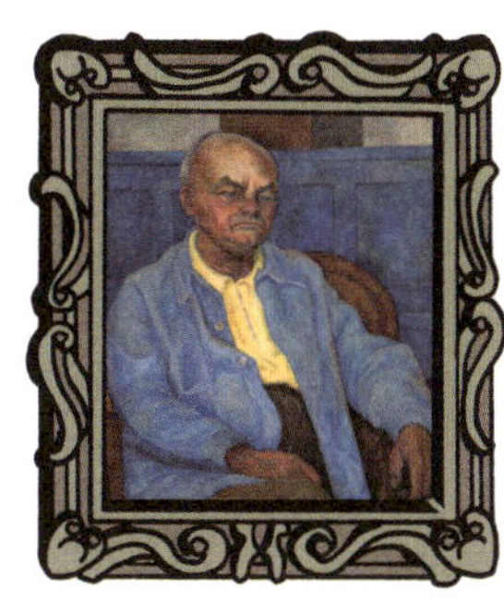

Diego Rivera
Dr. Otto Rühle
1940

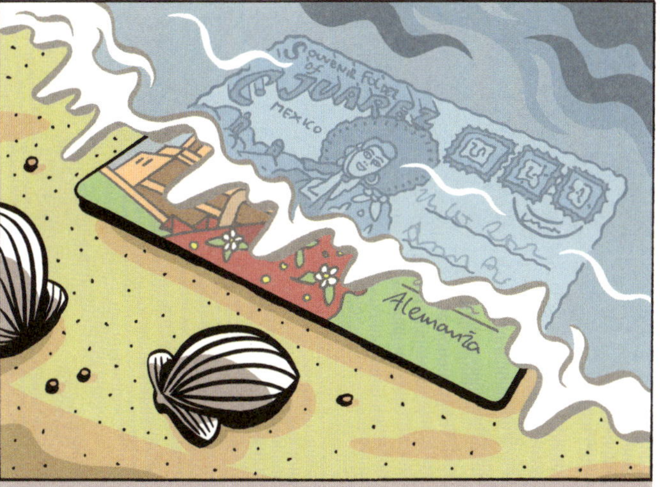

VII. Um den Lebensunterhalt zu bestreiten, arbeitete Otto Rühle unter dem Pseudonym „Carlos Timoneros" als Postkartenzeichner. Am 24. Juni 1943 starb er überraschend an einem Herzinfarkt. Noch am selben Tag nahm sich seine Frau Alice das Leben.

Marie Baum

* 23. März 1874 in Danzig; † 8. August 1964 in Heidelberg

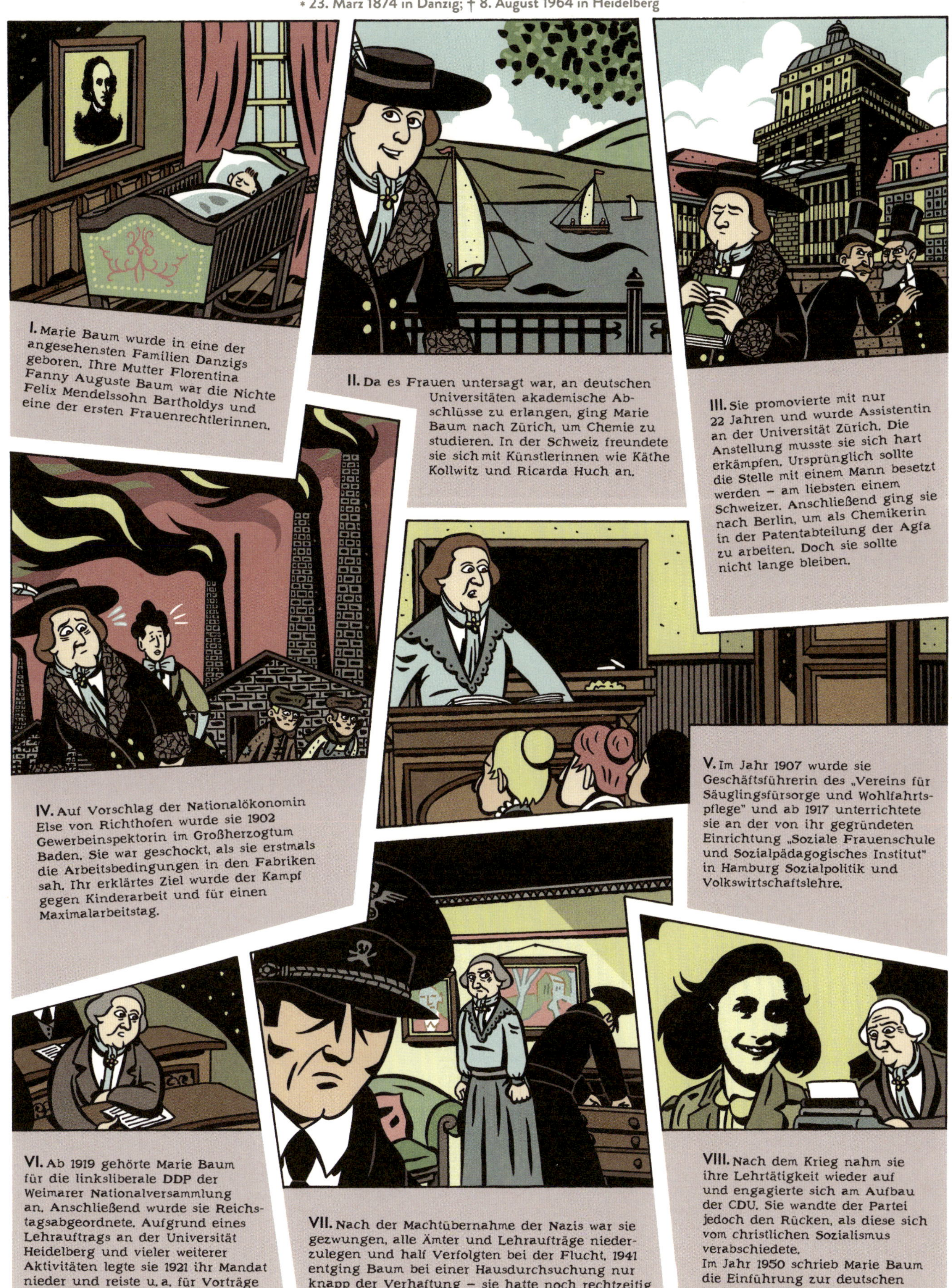

Eugen Bolz

* 15. Dezember 1881 in Rottenburg;
† 23. Januar 1945 in der Justizvollzugsanstalt Plötzensee, Berlin

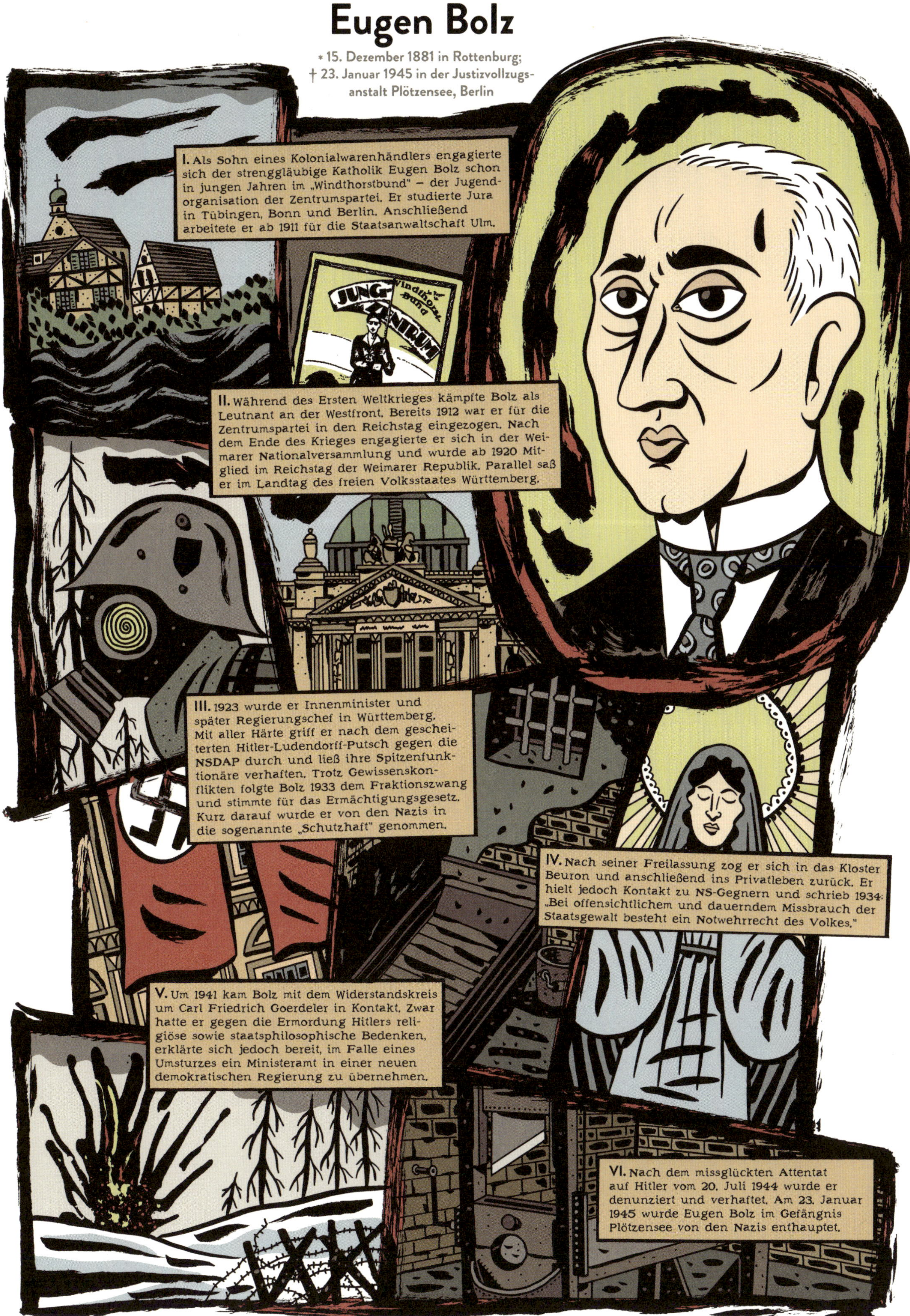

Otto Wels

⁎ 15. September 1873 in Berlin; † 16. September 1939 in Paris

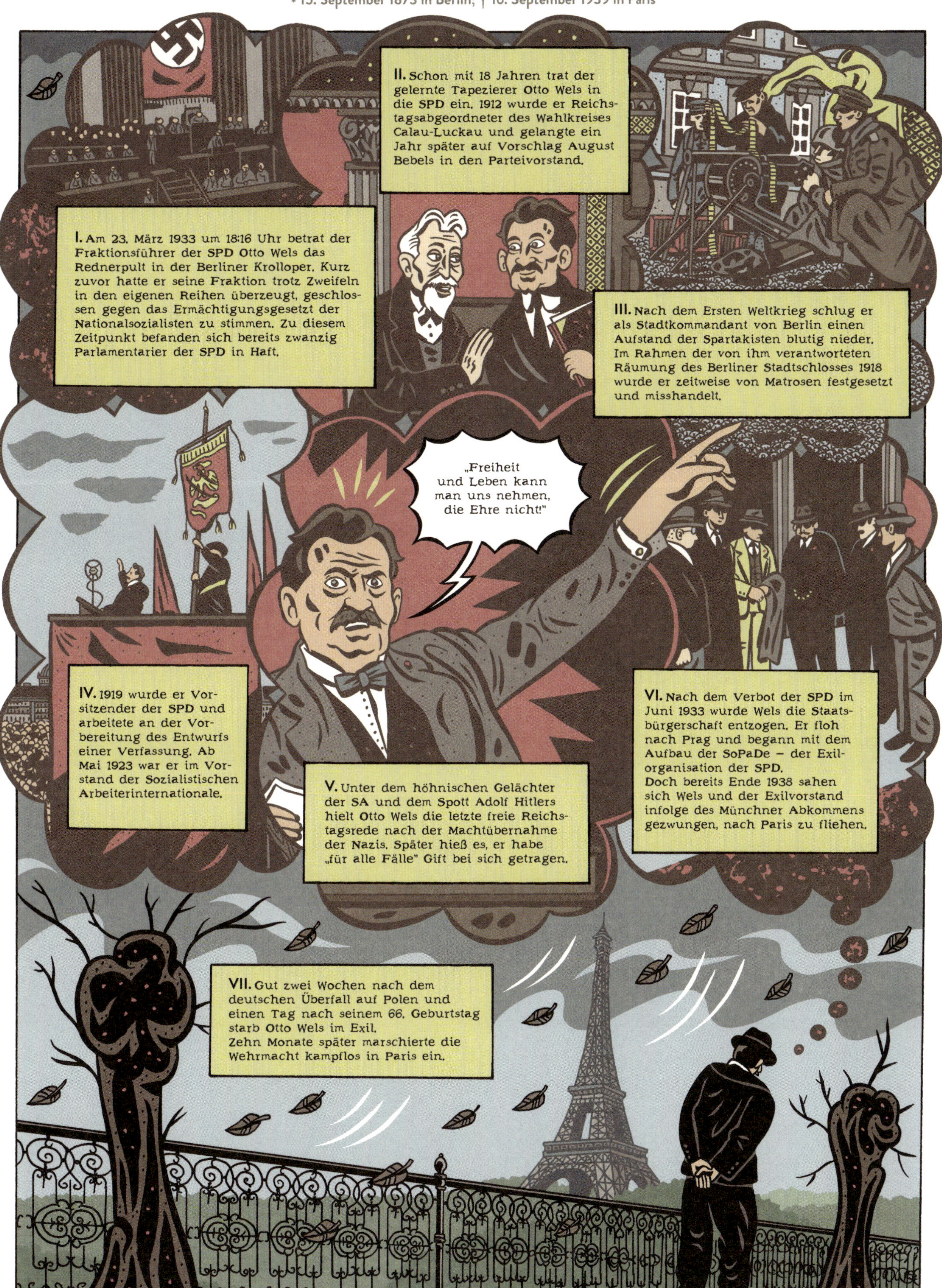

Ludwig Marum

* 5. November 1882 in Frankenthal, Pfalz; † 29. März 1934 im KZ Kislau bei Bruchsal

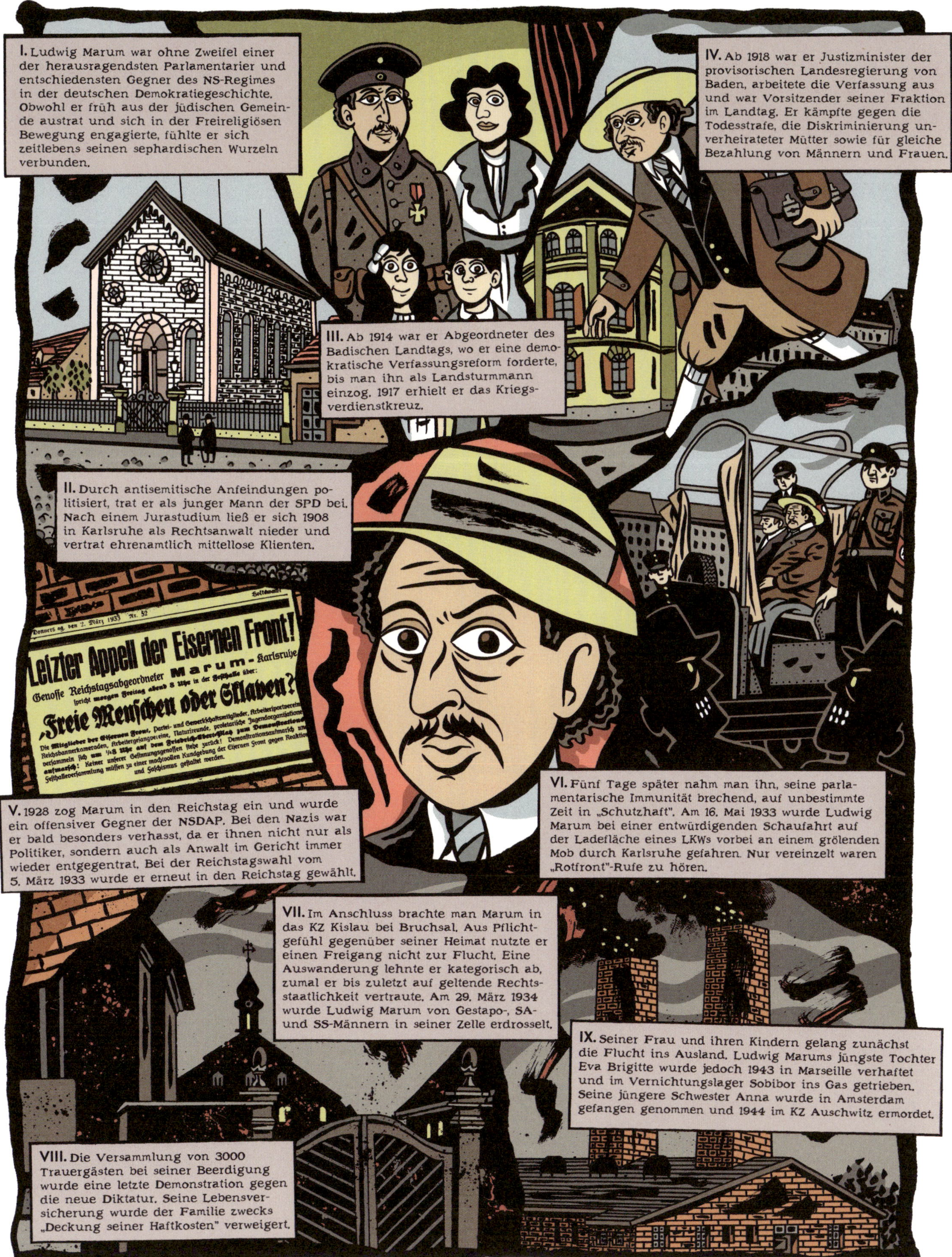

Gertrud Bäumer

* 12. September 1873 in Hohenlimburg; † 25. März 1954 in Gadderbaum

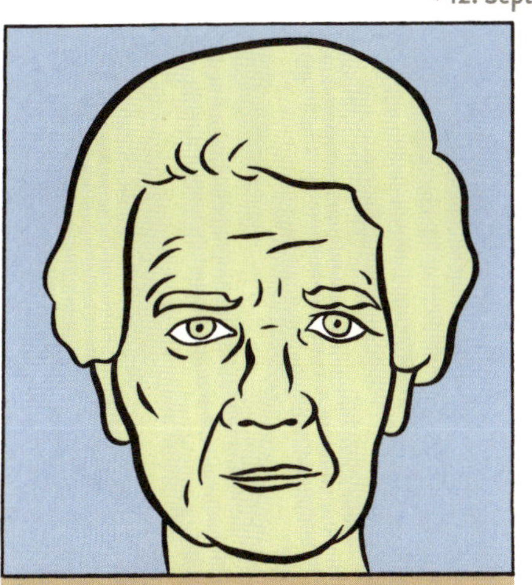

I. Nach dem Abschluss der Töchterschule und einer Ausbildung zur Lehrerin gründete die Pfarrerstochter Gertrud Bäumer 1896 die „Magdeburger Lehrerinnenvereinigung", wodurch sie die Führerin der bürgerlichen Frauenbewegung Helene Lange kennenlernte.

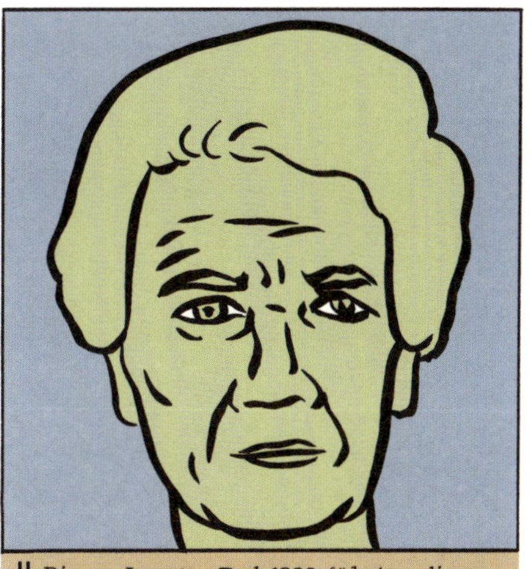

II. Bis zu Langes Tod 1930 führten die beiden eine für damalige Zeit ungewöhnliche Lebensgemeinschaft. Gemeinsam mit Lange, aber auch allein gab Bäumer mehrere Bücher und Zeitschriften heraus. 1904 erschien ihre Promotion über Johann Wolfgang von Goethes *Satyros*.

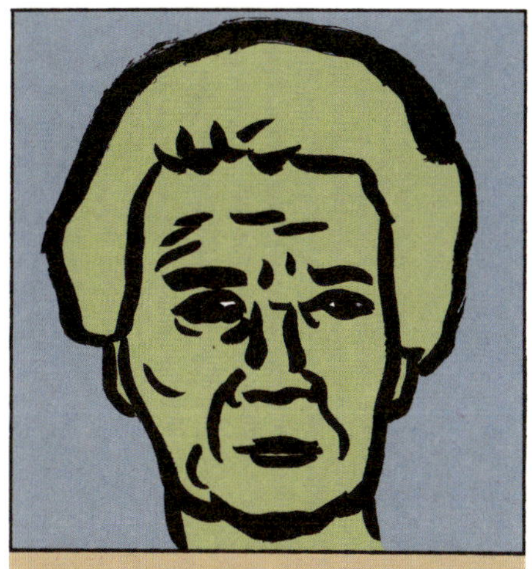

III. 1910 wurde sie Vorsitzende des überkonfessionellen „Bundes Deutscher Frauenvereine" und sechs Jahre später übernahm sie die von Helene Lange gegründete Zeitung der bürgerlichen Frauenbewegung *Die Frau*.

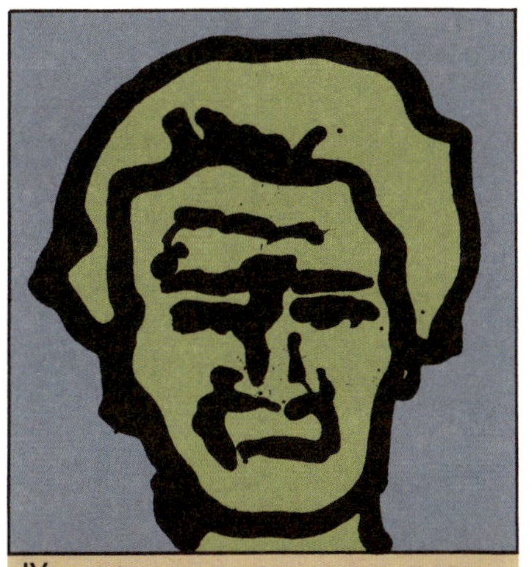

IV. Im Jahr 1919 gründete Bäumer die DDP, deren stellvertretende Vorsitzende sie wurde. Sie zog in die Weimarer Nationalversammlung ein und hatte von 1920 bis 1932 ein Reichstagsmandat. Ab 1920 war sie darüber hinaus Ministerialrätin und ab 1926 Delegierte beim Völkerbund in Genf.

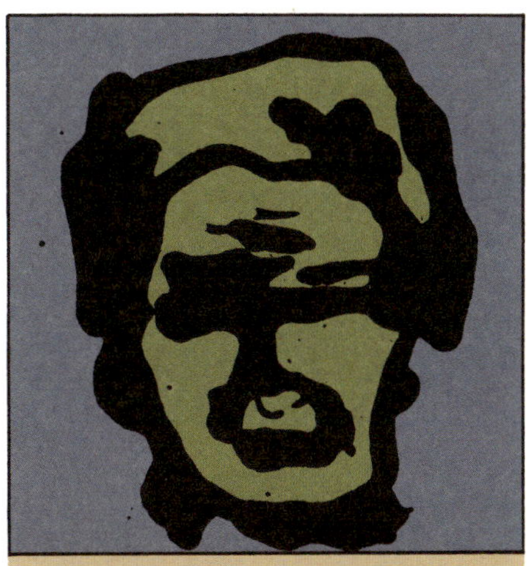

V. Durch den Aufstieg der Nationalsozialisten fürchtete Gertrud Bäumer einen „deutschen Zusammenbruch" und lehnte eine Zusammenarbeit strikt ab. Sie lobte jedoch das zum Teil „Echte und Kräftige der Bewegung".

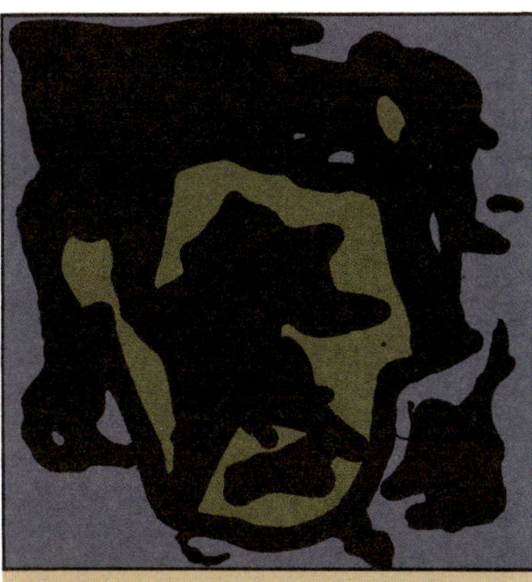

VI. Nach der Machtübernahme der Nazis wurde Gertrud Bäumer aller politischen Ämter enthoben. Sie akzeptierte jedoch die Gleichschaltung von *Die Frau* und passte sie der nationalsozialistischen Frauenpolitik an.

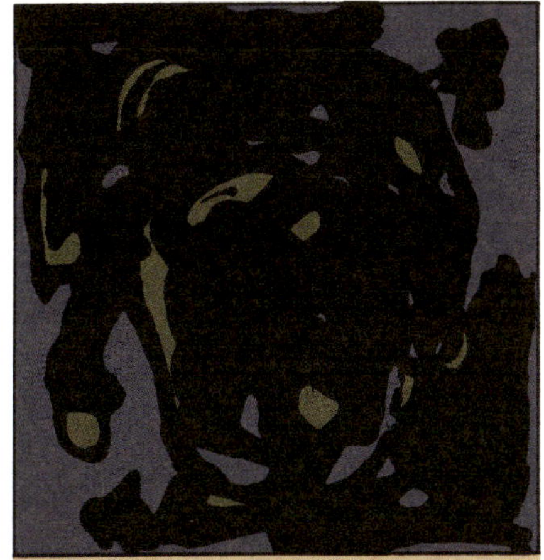

VII. 1936 setzte man sie jedoch als Herausgeberin ab und belegte sie ab 1939 mit Redeverbot, dem sie sich teilweise widersetzte. Sie zog mit ihrer zweiten Lebensgefährtin, der Schriftstellerin Gertrud von Sanden, nach Schlesien.

VIII. 1944 stellte sie aufgrund von Papiermangel endgültig das Erscheinen von *Die Frau* ein und floh im Winter 1945 nach Bamberg. Nach dem Krieg wurde sie Gründungsmitglied der CSU und unterstützte später die CDU.

IX. Am 25. März 1954 starb Gertrud Bäumer in einer diakonischen Anstalt. Zu diesem Zeitpunkt hatten sich viele ihrer früheren Mitstreiterinnen in der Frauenbewegung aufgrund ihres lavierenden Verhaltens in der NS-Zeit schon lange von ihr abgewandt.

Franziska Kessel

* 6. Januar 1906 in Köln; † 23. April 1934 im Zuchthaus Mainz

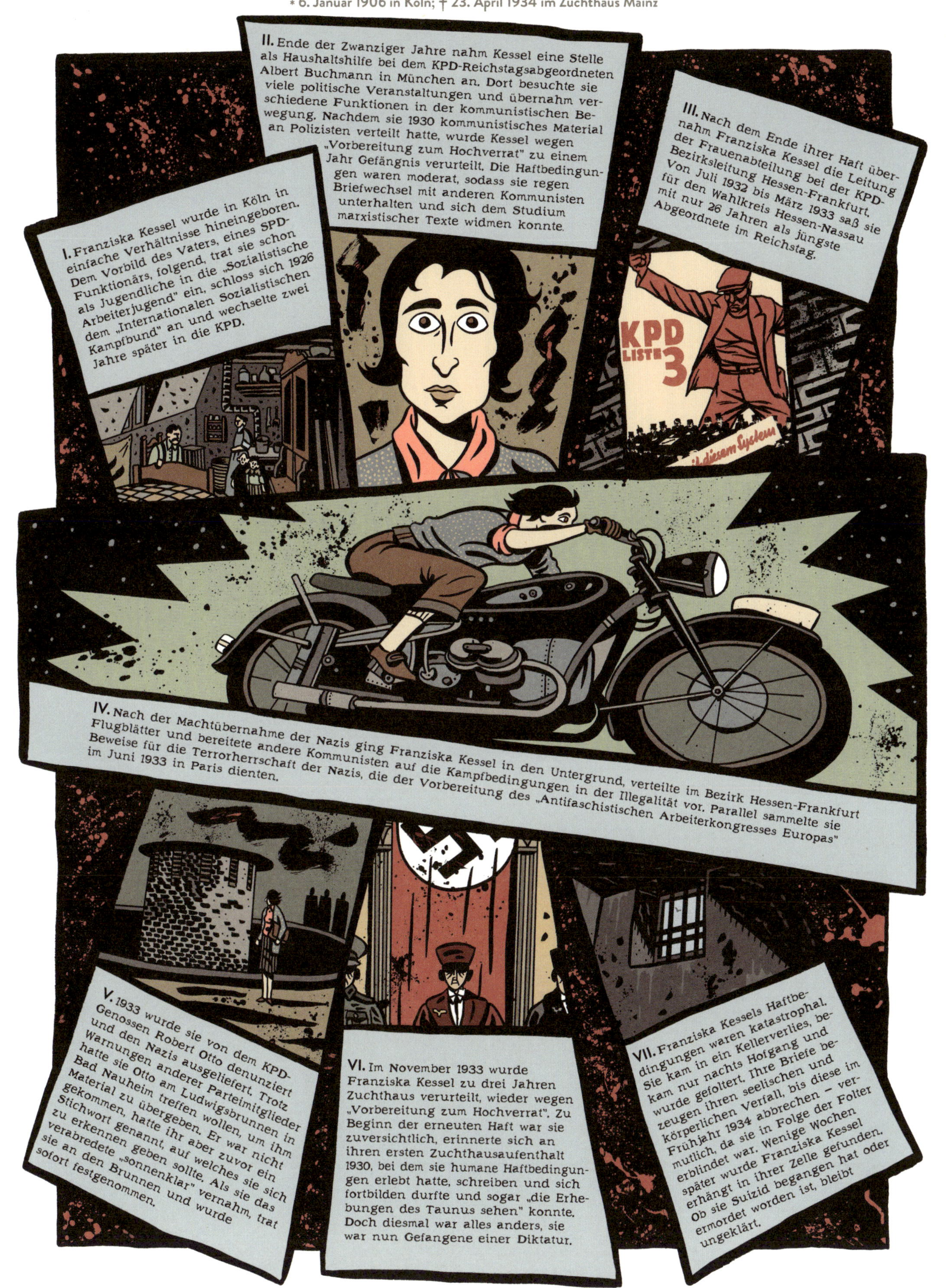

Marie-Elisabeth Lüders

* 25. Juni 1878 in Berlin; † 23. März 1966 ebenda

I. Es galt als geradezu unerhört, als sich die 31-jährige Lehrerin Marie-Elisabeth Lüders 1909 als eine der ersten Frauen an der Berliner Universität im Fach Staatswissenschaften immatrikulierte. Bereits drei Jahre später promovierte sie über die Aus- und Fortbildung von Frauen in gewerblichen Berufen und wurde gegen alle Widerstände die erste Frau, die an einer deutschen Universität die Doktorwürde Dr. rer. pol. erlangte.

II. Bereits vor ihrem Studium hatte die Tochter eines hohen preußischen Regierungsbeamten als Frauenrechtlerin auf sich aufmerksam gemacht. Öffentlich hatte sie sich für die Rechte von Dienstmädchen und die Bekämpfung der staatlich reglementierten Prostitution eingesetzt.

III. Nach ihrem Studium arbeitete sie zunächst in der Sozialverwaltung und der sozialen Selbsthilfe, unter anderem als Putzfrau. Während des Ersten Weltkriegs wurde sie zur Leiterin der Frauenarbeitszentrale im Kriegsministerium berufen. 1919 war sie die erste Abgeordnete der DDP in der Nationalversammlung und im Reichstag.

IV. 1922 erwirkte sie u. a., dass Frauen als Richterinnen und Anwältinnen tätig werden konnten. Sie gründete den „Deutschen Akademikerinnenbund" und nahm 1932 an der gescheiterten Abrüstungskonferenz in Genf teil. Im gleichen Jahr zog sie ihre Kandidatur für den Reichstag zurück, als die DDP mit dem NSDAP-nahen „Jungdeutschen Orden" kooperierte.

V. Mit der Machtübernahme der Nazis verlor Lüders sämtliche Ämter. 1937 belegte man sie mit Publikationsverbot und sie geriet wegen „Heimtücke" für vier Monate in Gestapo-Haft. Sie half Verfolgten und hielt sich als Pflegerin und Landarbeiterin über Wasser.

VI. Nach dem Krieg war Lüders zunächst Mitglied im West-Berliner Abgeordnetenhaus und gehörte von 1953 bis 1961 für die FDP dem Deutschen Bundestag an, in dem sie auch zweimal als Alterspräsidentin fungierte. Von 1951 bis zu ihrem Tod war sie Mitglied im Bundesvorstand der FDP und ab 1957 Ehrenpräsidentin.

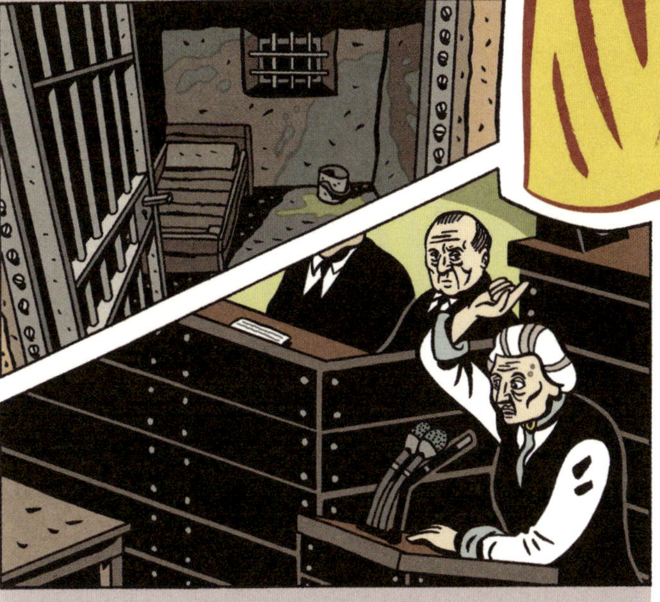

VII. Weiterhin widmete sie sich frauenpolitischen Themen. So spielte sie eine maßgebliche Rolle bei der Verbesserung der juristischen Stellung von mit Ausländern verheirateten Frauen durch das sogenannte „Lex Lüders", sowie der allgemeinen Gleichberechtigung von Mann und Frau.

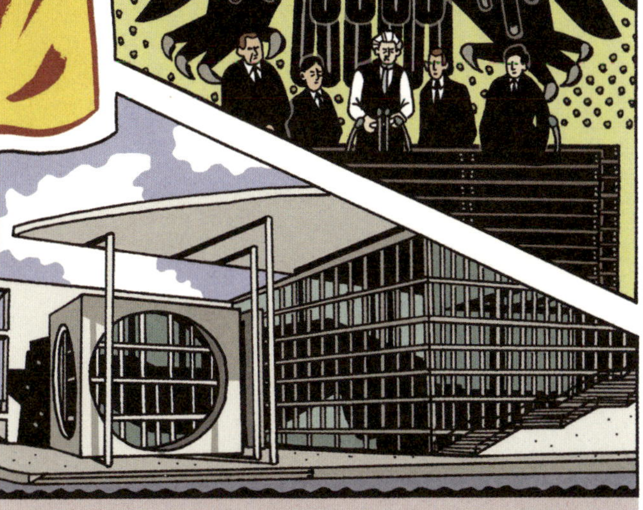

VIII. Als eine der bedeutendsten deutschen Politikerinnen erhielt sie 1952 das „Große Verdienstkreuz der Bundesrepublik Deutschland". Zwei Jahre später gewann Marie-Elisabeth Lüders als erste Frau eine Stimme bei der Wahl zum Bundespräsidenten – dabei hatte sie nicht einmal kandidiert.

Jakob Kaiser

* 8. Februar 1888 in Hammelburg; † 7. Mai 1961 in West-Berlin

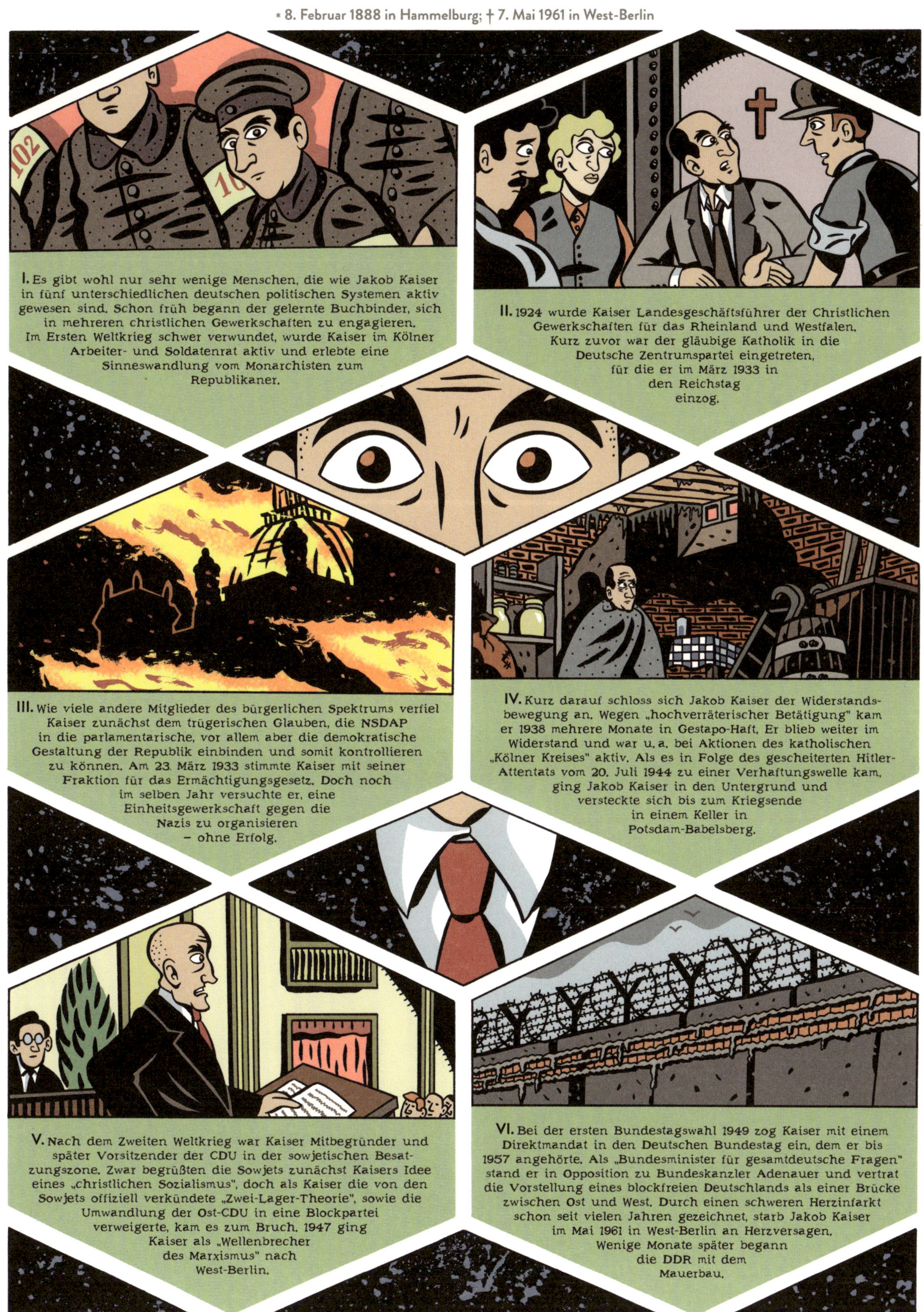

Elisabeth Selbert

* 22. September 1896 in Kassel; † 9. Juni 1986 ebenda

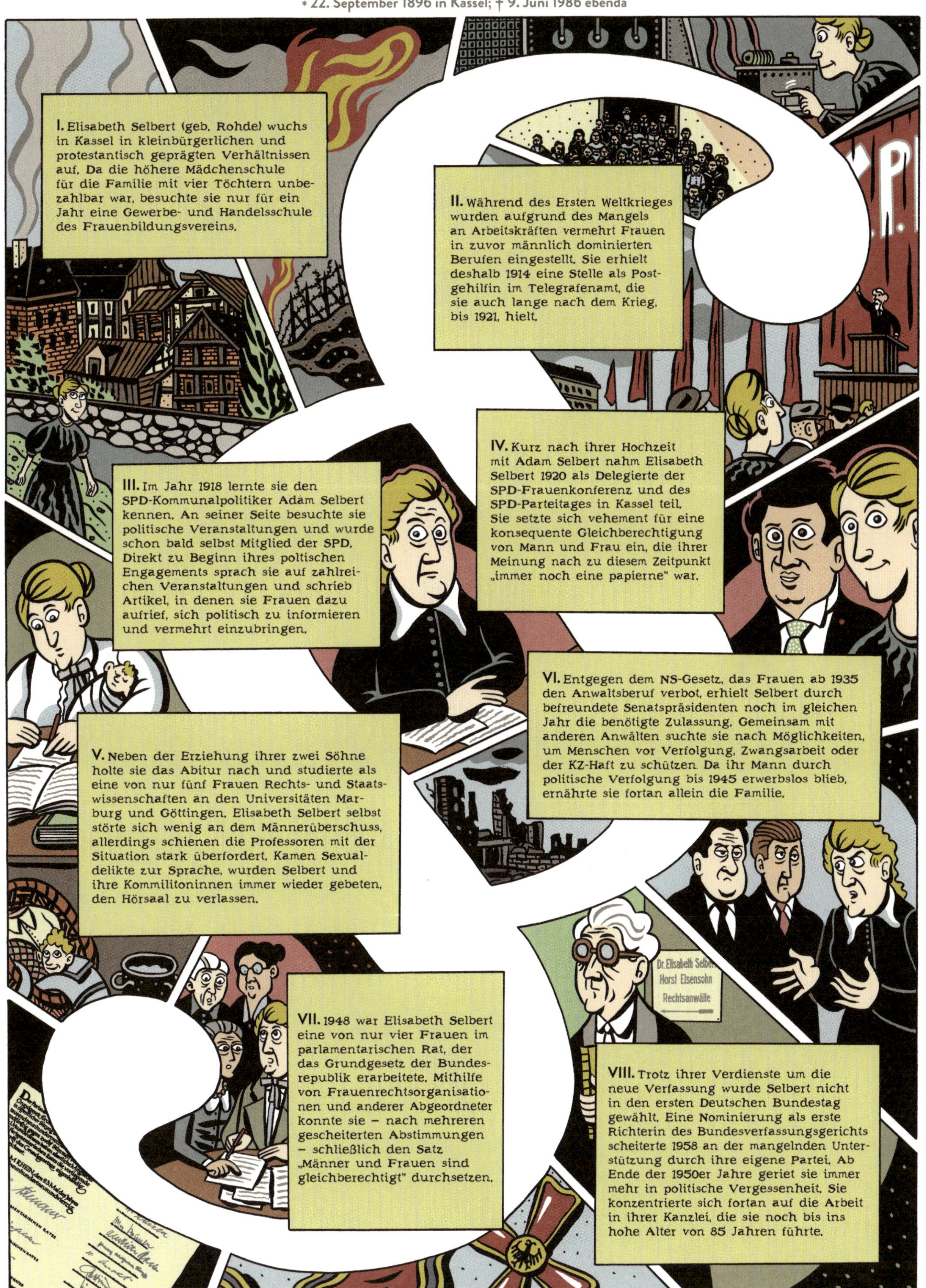

Julius Meyer

* 17. September 1909 in Krojanke, Westpreußen; † 2. Dezember 1979 in São Paulo

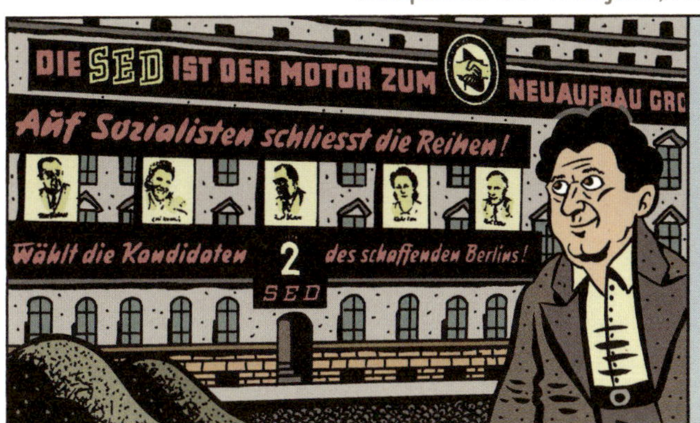

I. Im Frühling 1945 kehrte der gelernte Lederzuschneider Julius Meyer nach Berlin zurück. Anfang Mai hatten ihn sowjetische Soldaten aus dem KZ Wöbbelin befreit. Der gläubige Jude hatte sich zunächst vor den Nazis in Berlin verstecken können, ehe er 1943 verhaftet und ins KZ Auschwitz deportiert worden war, wo man ihn zum Kapo und „Judenältesten" ernannt hatte.

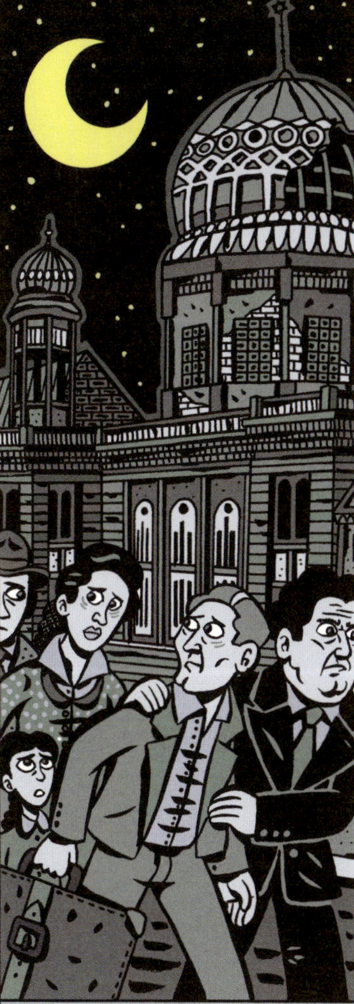

II. Bereits 1930 war Julius Meyer in die KPD eingetreten. Er glaubte fest an einen Neuanfang und daran, dass die DDR der bessere deutsche Staat für die Zukunft der deutschen Juden sei. In Ost-Berlin übernahm er den Vorsitz der sich langsam wieder formierenden jüdischen Gemeinde. Später wurde er Präsident des Verbandes der Jüdischen Gemeinden der DDR. 1949 ging er als Abgeordneter in die Volkskammer der DDR.

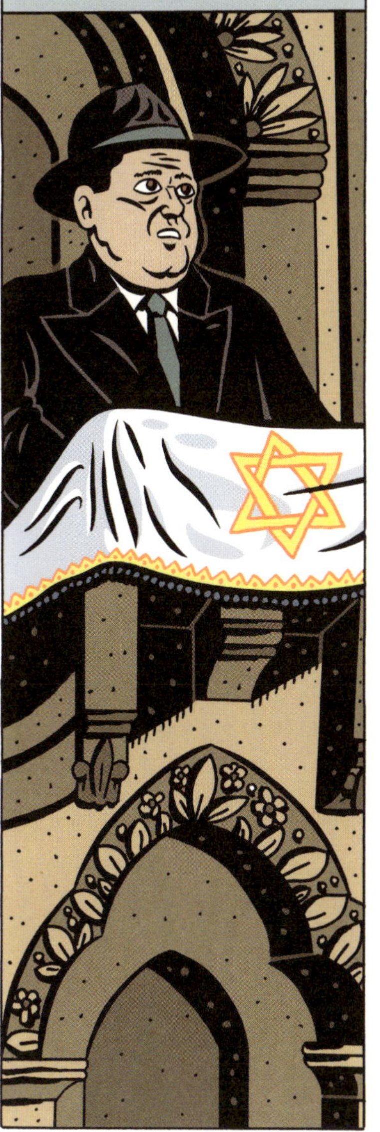

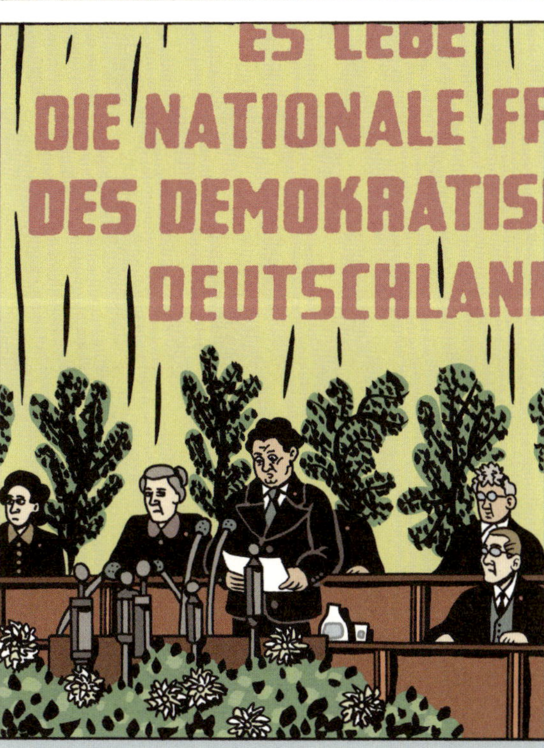

III. Meyer setzte sich offensiv für ein Gesetz ein, das den jüdischen Opfern der NS-Diktatur eine Wiedergutmachung sichern sollte. Doch mit diesem Vorstoß traf er bei der Parteiführung um Walter Ulbricht, die in „von jüdischen Kapitalisten zusammengeraubten Kapitalien" keinen Gegenstand der Wiedergutmachung sah, auf strikte Ablehnung. 1953 kam es in der Sowjetunion zu mehreren antisemitisch motivierten politischen Säuberungen. Gleichzeitig wurde Meyer vor die Zentrale Parteikontrollkommission der SED bestellt und später von den Sowjets verhört. Schnell stand der Vorwurf der „zionistischen Spionage" für eine amerikanische Hilfsorganisation im Raum.

IV. Meyer wusste, dass er handeln musste – kurz zuvor hatte man bereits seinen Parteifreund Paul Merker verhaftet. Um sich zu schützen, versprach Meyer zunächst, mit der Staatssicherheit zu kooperieren. Parallel nahm er jedoch heimlich Kontakt zum Vorsitzenden der jüdischen Gemeinde in West-Berlin auf. Gemeinsam entwickelten sie einen Plan für alle ausreisewilligen jüdischen DDR-Bürger. Unbehelligt von den DDR-Behörden gelang Meyer so 1953 die Flucht, gemeinsam mit 556 Mitgliedern der jüdischen Gemeinden von Berlin, Leipzig, Dresden, Halle und Erfurt nach West-Berlin.

V. Doch in der Bundesrepublik hatte Meyer aufgrund seiner politischen Aktivitäten in der DDR einen schweren Stand. So verweigerten ihm die westdeutschen Behörden eine Entschädigung im Rahmen der Wiedergutmachung. 1976 lehnten sie nach 23 Jahren Prüfung zusätzlich seine Anerkennung als politischer Flüchtling ab. Enttäuscht von beiden deutschen Staaten kehrte Julius Meyer seiner Heimat den Rücken und ging nach Brasilien, wo er drei Jahre später starb.

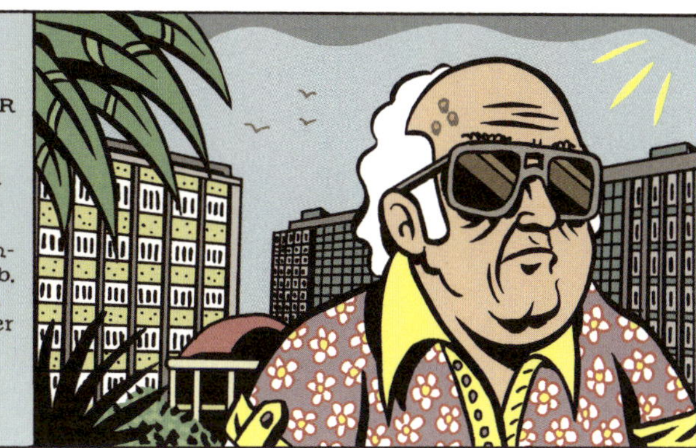

Peter Blachstein

* 30. April 1911 in Dresden; † 4. Oktober 1977 in Hamburg

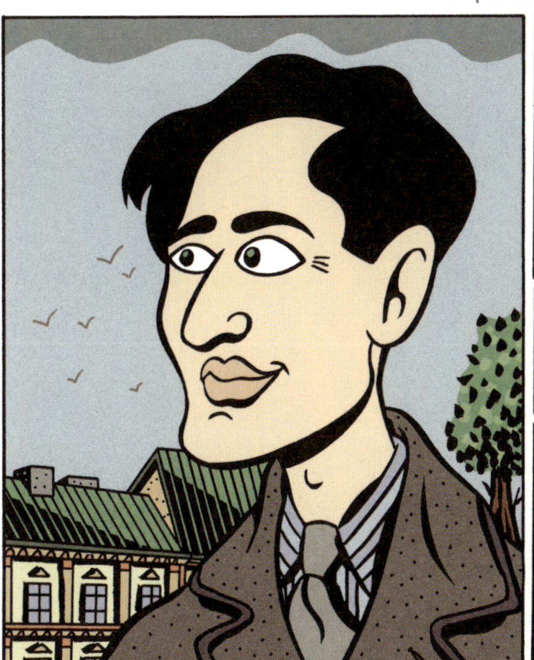

I. Peter Blachstein wurde als Sohn eines jüdischen Textilkaufmanns in Dresden geboren. Nach einem abgebrochenen Abitur begann er zunächst eine Buchhändlerlehre, die er jedoch ebenfalls nicht abschloss. Hingegen engagierte er sich schon früh im deutsch-jüdischen Wanderbund „Kameraden", dessen Bundesführer er 1931 wurde.

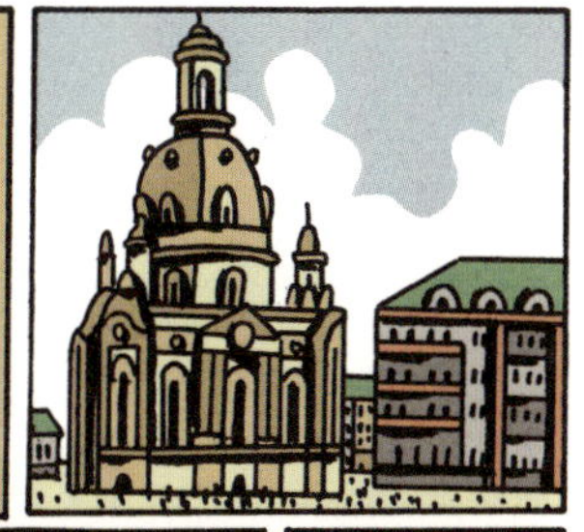

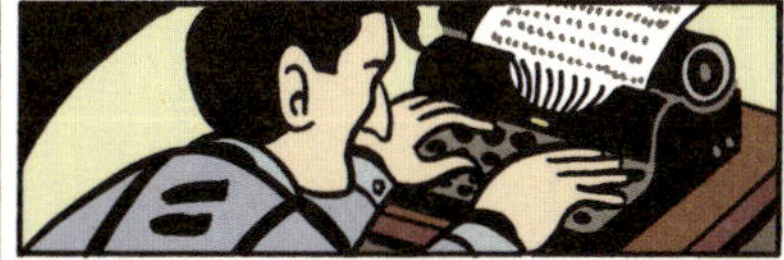

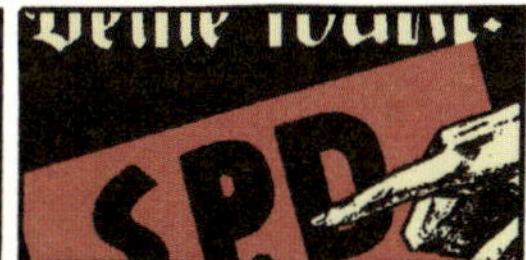

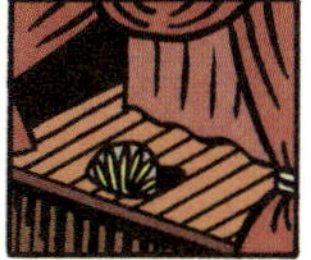

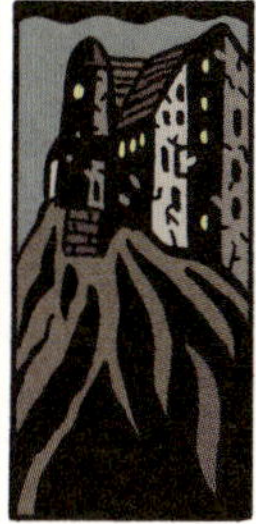

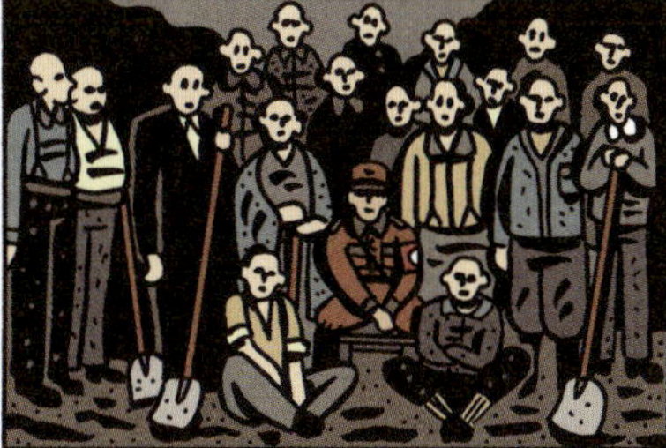

II. Bereits 1929 trat er in die SPD ein und studierte mit einer Ausnahmegenehmigung in Dresden Germanistik und Wirtschaftswissenschaften.
Parallel schrieb er für mehrere sozialistische Zeitungen. Zusätzlich absolvierte er ein Gaststudium für Schauspiel, Oper und Regie. 1931 trat er der linkssozialistischen SAPD bei, für die er das politische Kabarett „Die Nebelspalter" gründete.

III. Kurz nach der Machtübernahme der Nazis wurde Peter Blachstein verhaftet und bis August 1934 im KZ Hohnstein gefangen gehalten. Anschließend stellte man ihn unter Polizeiaufsicht und belegte ihn mit einem Berufsverbot.
Im Januar 1935 floh Blachstein in die Tschechoslowakei und reiste im Herbst 1935 nach Oslo, wo er gemeinsam mit Willy Brandt für die Jugendorganisation des „Londoner Büros" arbeitete.

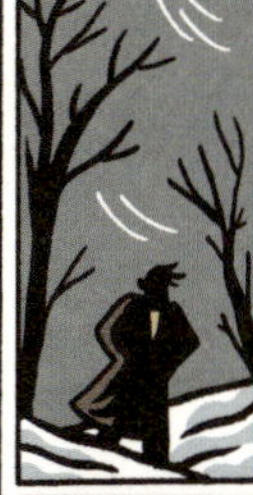

IV. Doch Peter Blachstein wollte aktiv am Kampf gegen den Faschismus teilnehmen. Ende 1936 schloss er sich im Spanischen Bürgerkrieg der republikanischen Armee an. Aber bereits ein Jahr später verhaftete ihn die stalinistische PSUC. Trotz einer Tuberkuloseerkrankung, die er sich aufgrund der katastrophalen Haftbedingungen zugezogen hatte, gelang ihm heimlich die Flucht nach Schweden.

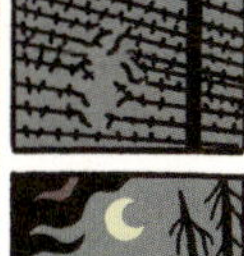

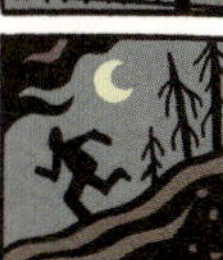

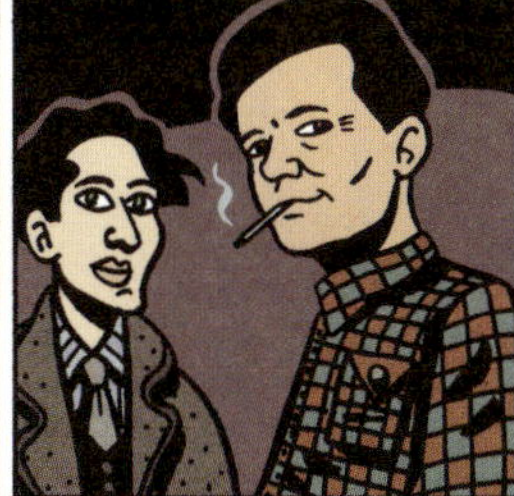

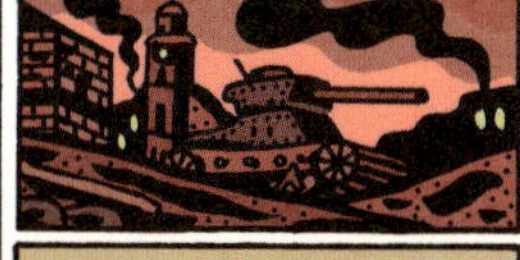

V. Im April 1947 kehrte Blachstein nach zwölf Jahren aus dem Exil zurück nach Deutschland. Erneut trat er der SPD bei und nahm ebenso seine journalistische Tätigkeit wieder auf. Er wurde Feuilleton-Chef des *Hamburger Echo* und war von 1955 bis 1968 Mitglied im Verwaltungsrat des *NDR*.

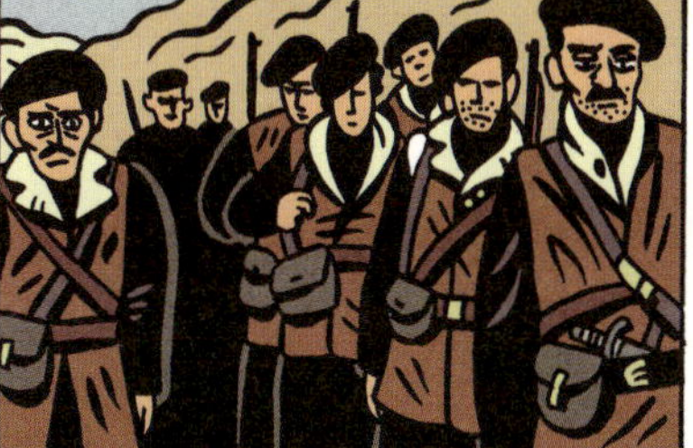

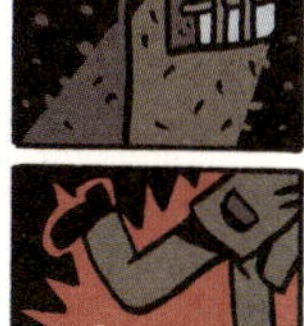

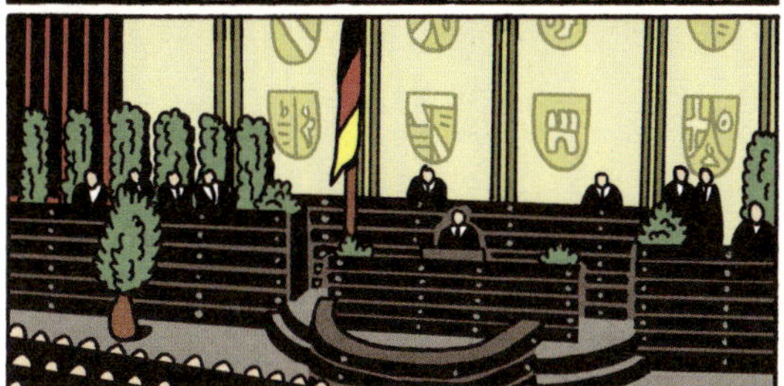

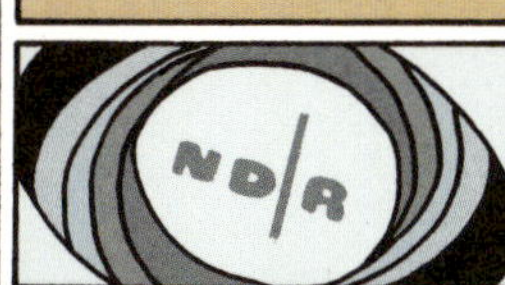

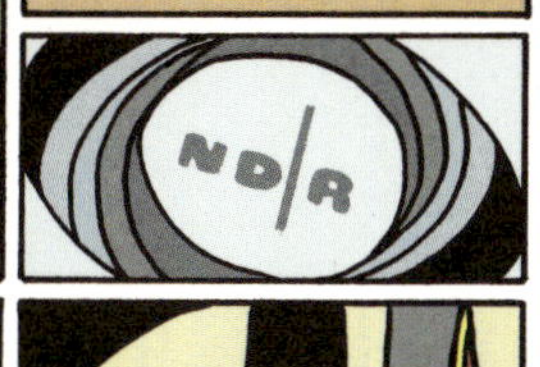

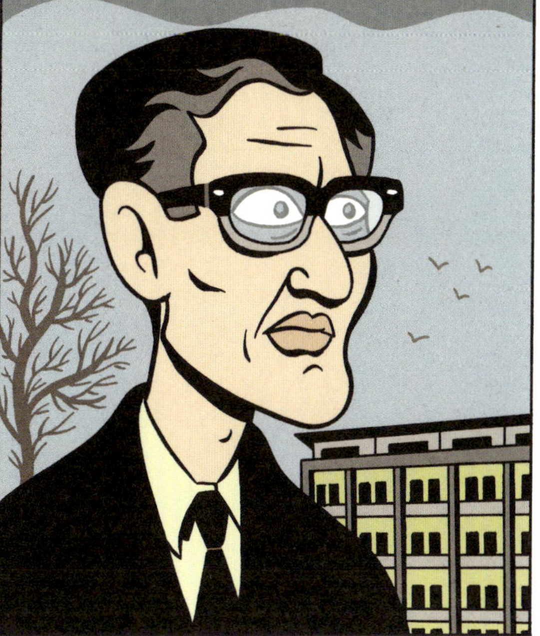

VI. Peter Blachstein war einer der Wortführer linker Kritik am Godesberger Programm. 1953 wurde er Mitglied des Deutschen Bundestages, bis man ihn 1968 zum Botschafter in Jugoslawien ernannte. Aus gesundheitlichen Gründen sah er sich jedoch gezwungen, diesen Posten bereits nach einem Jahr niederzulegen und sich der Arbeit als freier Journalist zu widmen, der er bis zu seinem Tod 1977 nachging.

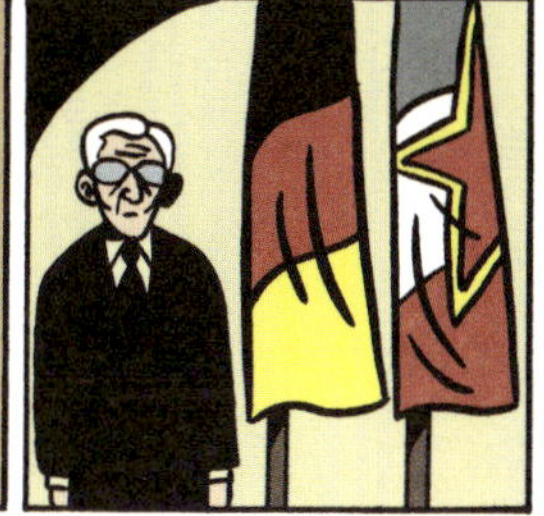

Erik Blumenfeld

* 27. März 1915 in Hamburg; † 10. April 1997 ebenda

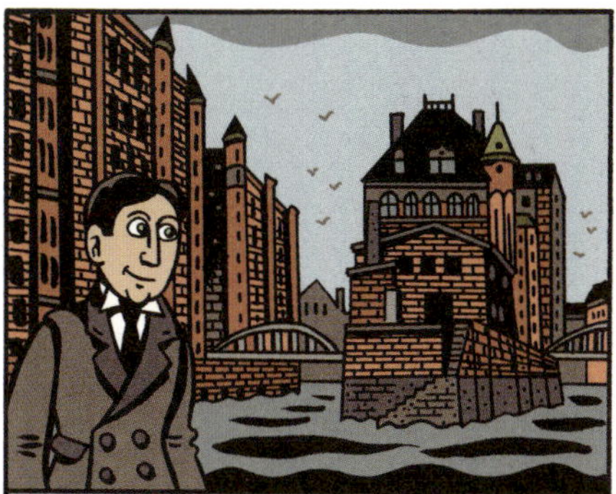

I. Erik Blumenfeld wurde in eine Hamburger Kaufmannsfamilie geboren. Sein Vater Ernst konvertierte vom Judentum zum Protestantismus, seine Mutter Ebba stammte aus Dänemark. Er wuchs zunächst bei den Großeltern in Dänemark auf, später wurde er in Hamburg-Altona eingeschult und legte sein Abitur 1933 am Schlossinternat Salem ab.

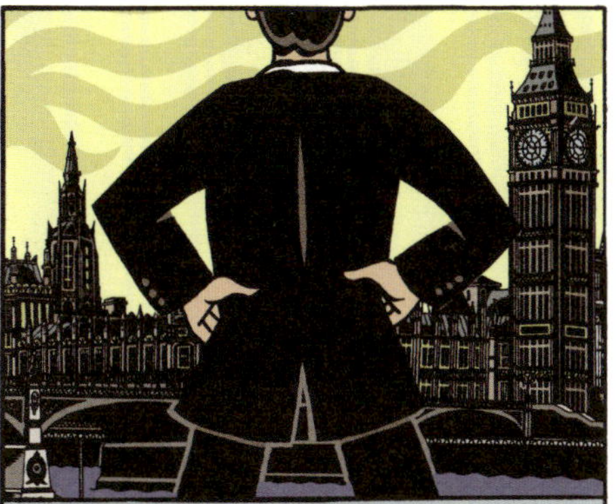

II. Ganz in der Tradition des hanseatischen Handelsbürgertums absolvierte Erik Blumenfeld im Anschluss an die Schule eine kaufmännische Ausbildung in England und kehrte 1935 nach Deutschland zurück, um in Berlin ein Studium der Geologie und der Metallurgie aufzunehmen.

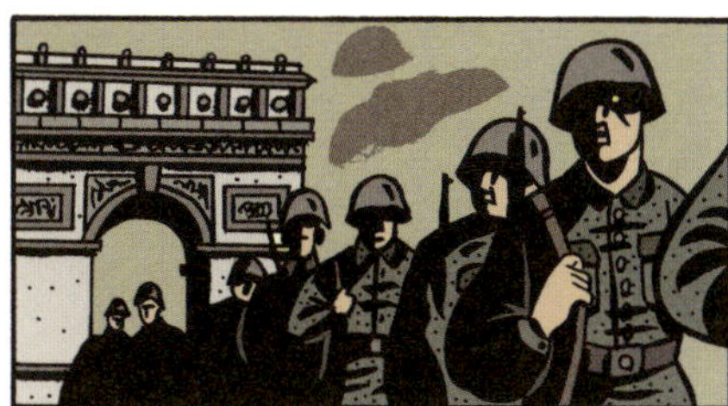

III. Doch der Kriegsbeginn bedeutete für Erik Blumenfeld ein vorzeitiges Ende seines Studiums. Er wurde eingezogen und nahm 1940 am Frankreichfeldzug teil, bevor er 1940 aufgrund seiner rassischen Klassifizierung als „jüdischer Mischling 1. Grades" aus dem Kriegsdienst entlassen wurde. Zunächst konnte er sich in Hamburg der Leitung der familieneigenen „Norddeutschen Kohlen- und Cokes-Werke" widmen, jedoch strebten NS-Funktionäre bald danach, die Firma und das dazugehörige Vermögen unter ihre Kontrolle zu bringen.

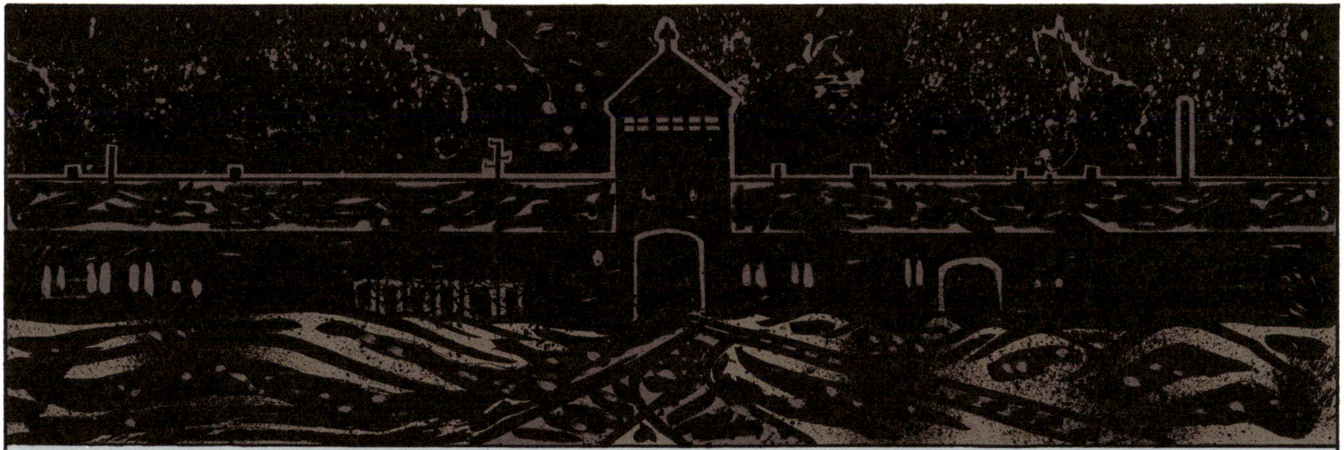

IV. Am 7. Dezember 1942 wurde Erik Blumenfeld wegen des Vorwurfs der „Wehrkraftzersetzung" vorgeladen und zunächst im Polizeigefängnis Hamburg-Fuhlsbüttel interniert, bevor er im Januar 1943 in das KZ Auschwitz deportiert wurde. Da seine Mutter Ebba den Masseur Heinrich Himmlers kannte, erwirkte sie, dass ihr Sohn zum „persönlichen Gefangenen" Himmlers erklärt wurde und Hafterleichterungen erhielt. 1943 wurde Erik Blumenfeld in das KZ Buchenwald verlegt und 1944 nach weiterem, couragiertem Einsatz seiner Mutter aus der Haft entlassen – allerdings unter der Bedingung, seiner Sterilisation zuzustimmen.

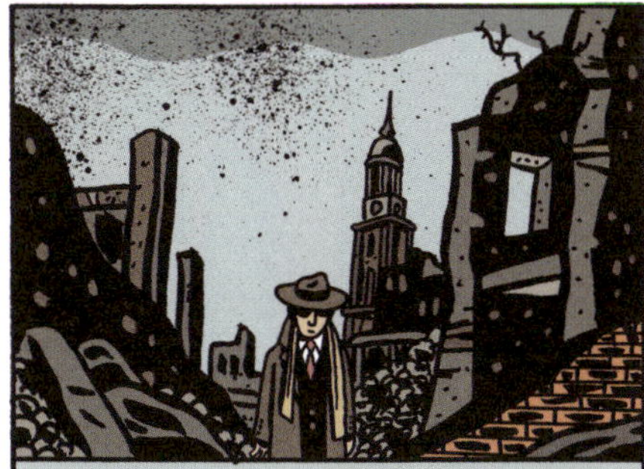

V. Um der Zwangsarbeit zu entgehen, arbeitete er nach seiner Haftentlassung in einem kriegswichtigen Unternehmen im Rheinland. Nachdem Erik Blumenfeld einem jüdischem Paar zur Flucht verholfen hatte, wurde er in Berlin erneut verhaftet. Unter abenteuerlichen Umständen gelang ihm die Flucht zurück nach Hamburg, wo ihn Gerd Bucerius bis zum Kriegsende versteckte.

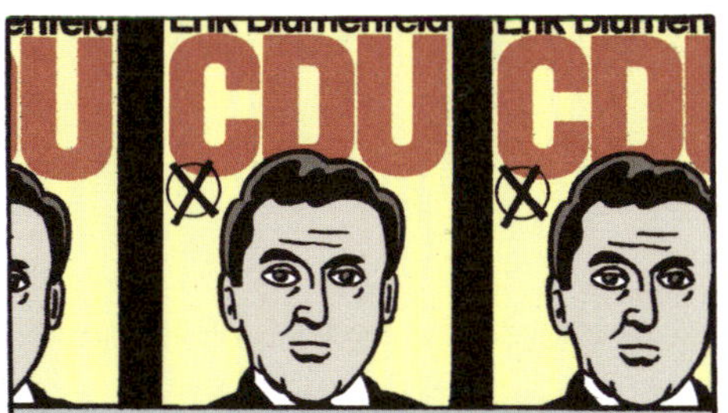

VI. Nach dem Ende des Krieges begann Blumenfeld, das Familienunternehmen wiederaufzubauen und trat 1946 in die CDU ein. Im gleichen Jahr wurde er Teil der Hamburger Bürgerschaft und war maßgeblich am Wiederaufbau von Wirtschaft und Transportwegen in der Hansestadt beteiligt. Sein Fokus lag stets auf einer Aussöhnung mit den europäischen Nachbarn. Ab 1961 war Erik Blumenfeld Mitglied des Deutschen Bundestages und unternahm in der Zeit der Kanzlerschaft Ludwig Erhards Reisen als sogenannter „Diplomat ohne Amt", bei denen er Handelsbeziehungen aufbaute und festigte.

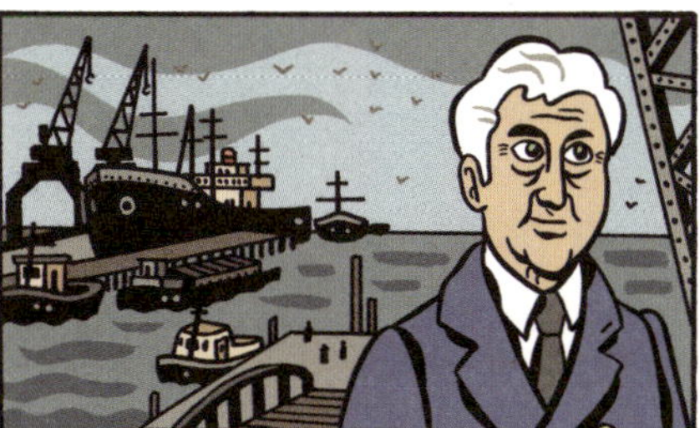

VII. Als einziger Auschwitz-Überlebender im Deutschen Bundestag sprach er nie über seine Erfahrungen in den Lagern. Doch Blumenfeld warb stets für eine Aufarbeitung der deutsch-jüdischen Vergangenheit. Er war wichtiger Gesprächspartner im Austausch mit Israel und Präsident der „Deutsch-Jüdischen Gesellschaft". 1968 lehnte der Hamburger Erik Blumenfeld das Bundesverdienstkreuz unter Berufung auf die hanseatische Tradition ab, die „Auszeichnungen fremder Herren" untersagt.

Victor Klemperer

* 9. Oktober 1881 in Landsberg an der Warthe; † 11. Februar 1960 in Dresden

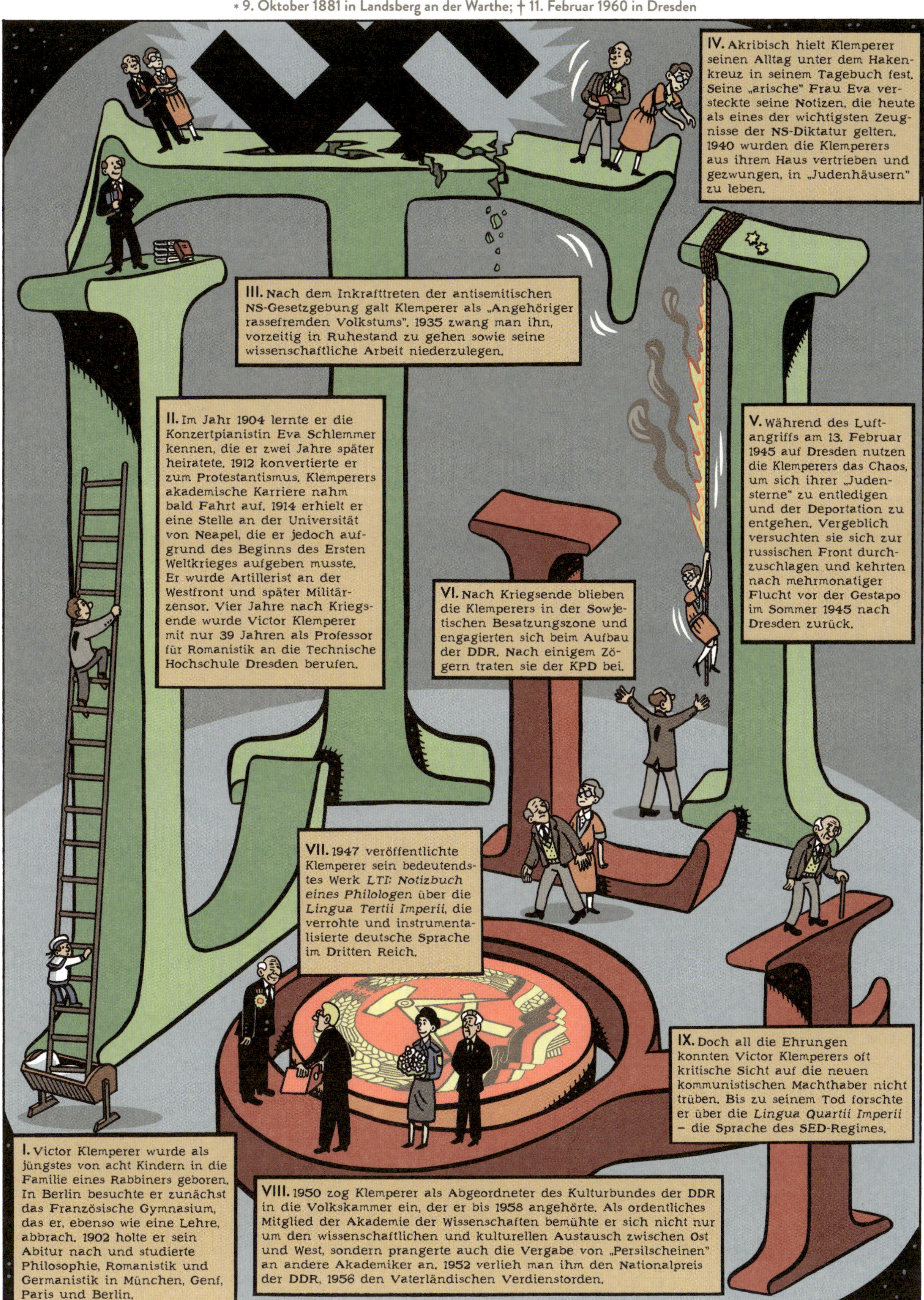

Carlo Schmid

* 3. Dezember 1896 in Perpignan, Frankreich; † 11. Dezember 1979 in Bonn

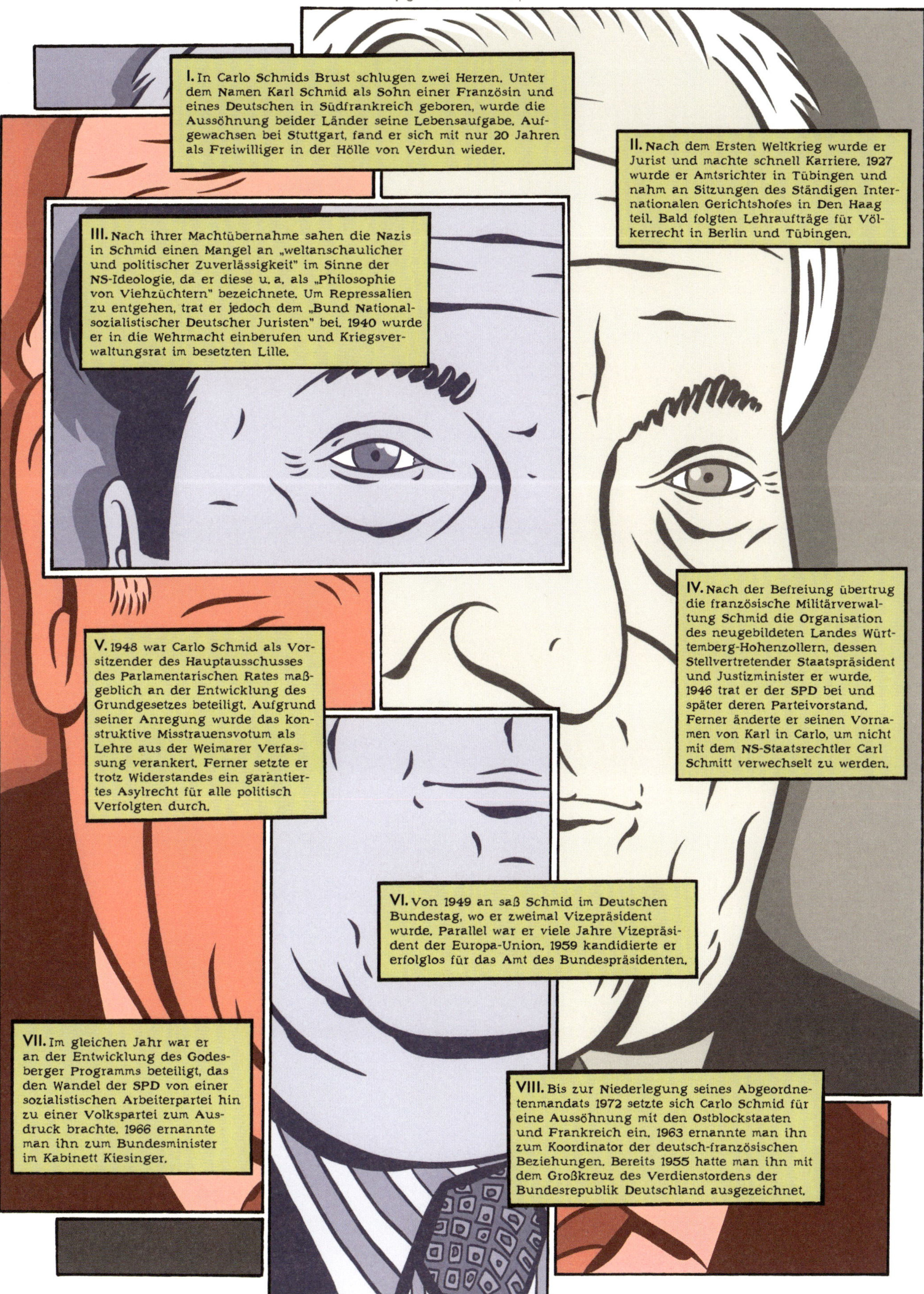

Thomas Dehler

* 14. Dezember 1897 in Lichtenfels; † 21. Juli 1967 in Streitberg

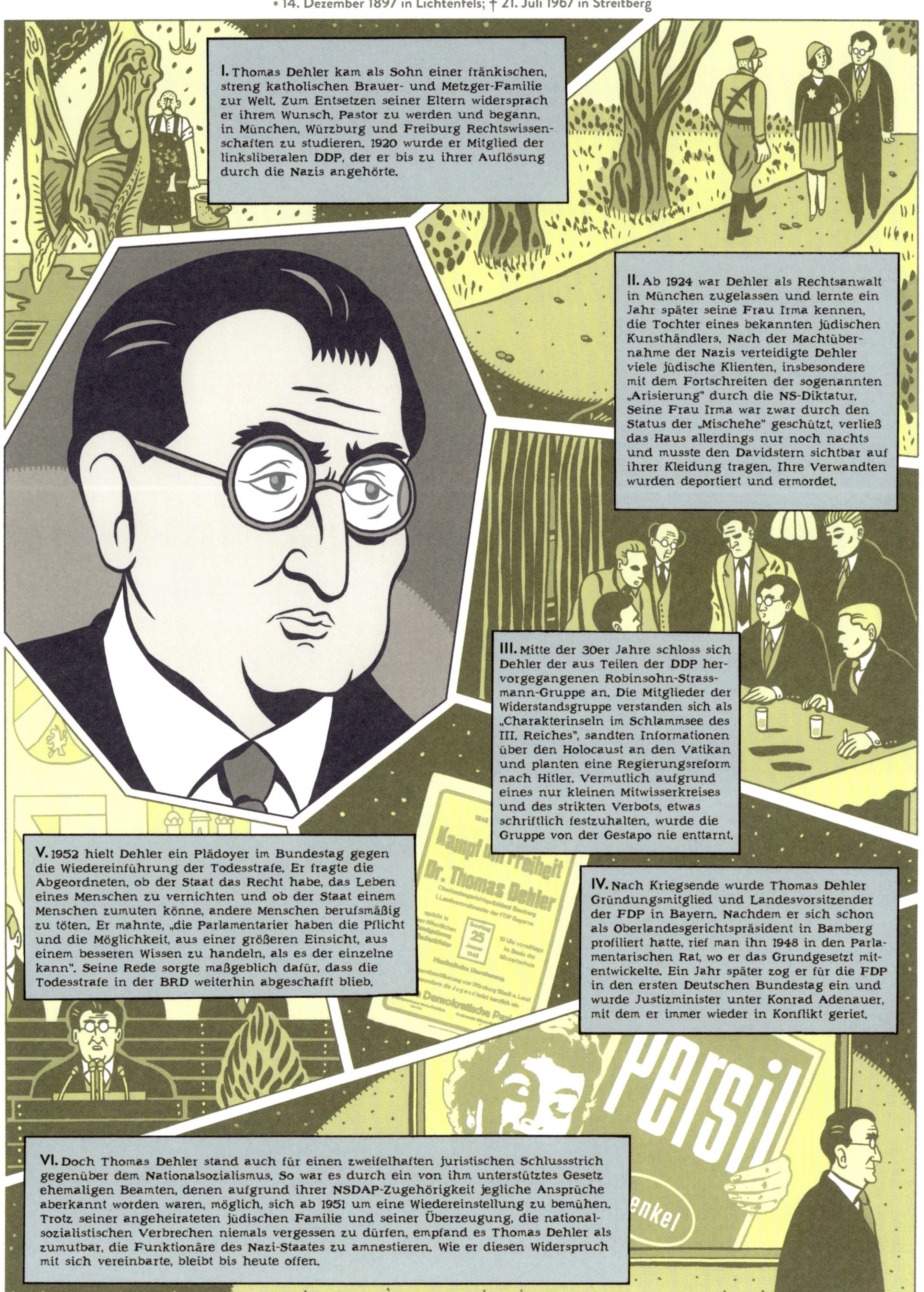

Herbert Hupka

* 15. August 1915 in Diyatalawa; † 24. August 2006 in Bonn

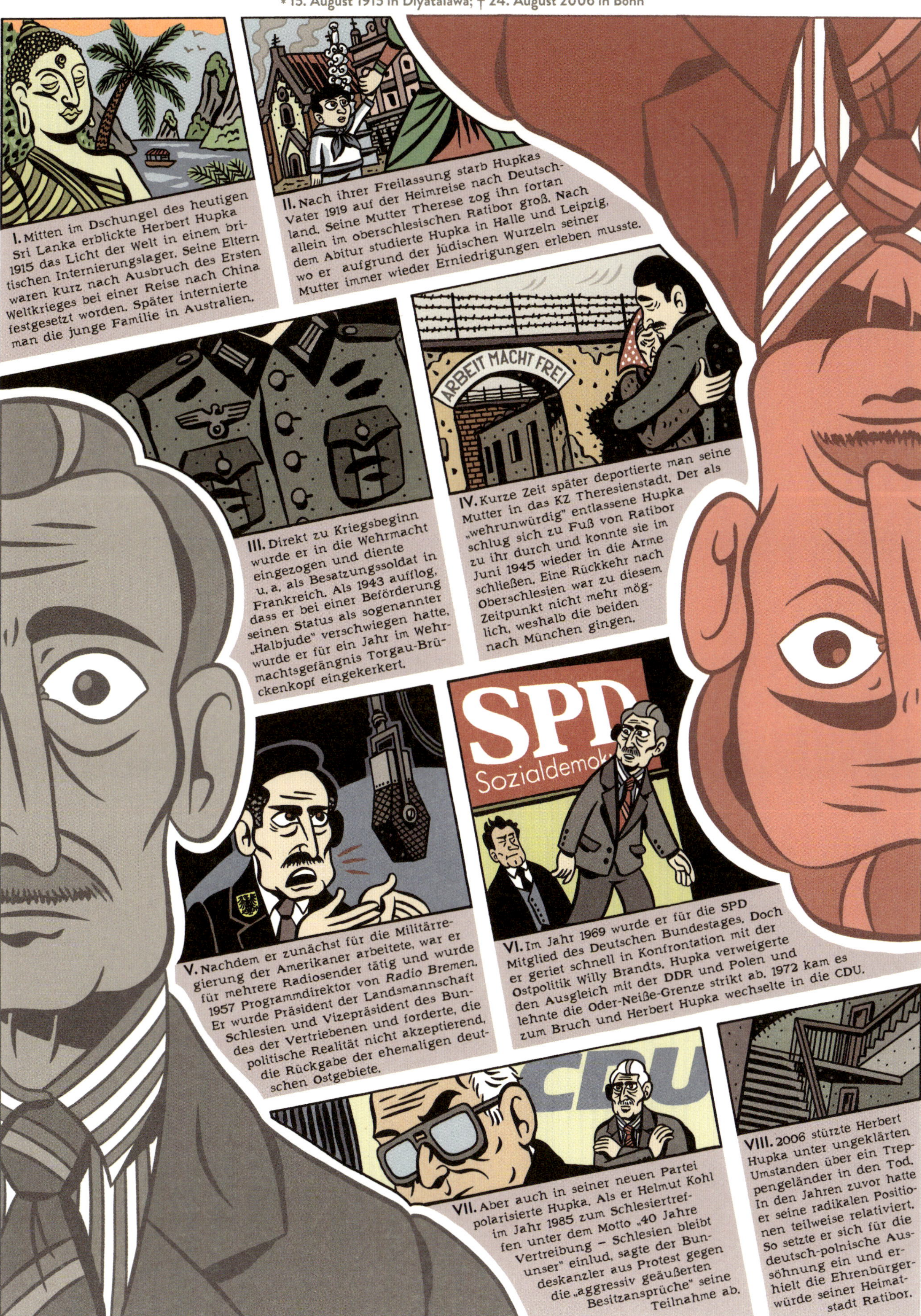

Gerhard Jahn

* 10. September 1927 in Kassel; † 20. Oktober 1998 in Marburg

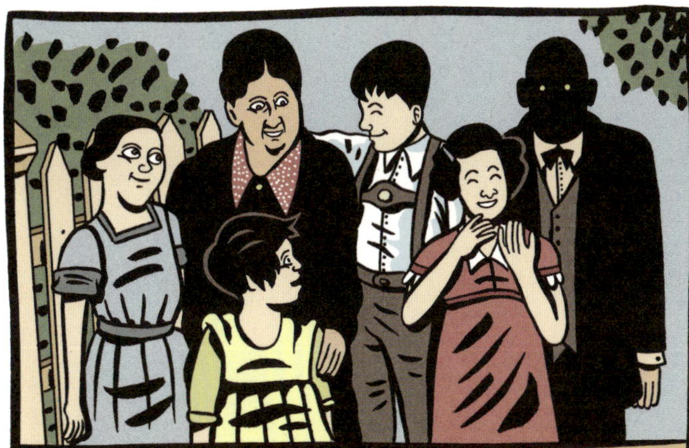

I. Gerhard Jahn wurde in eine Arztfamilie hineingeboren. Seine Mutter entstammte einer vermögenden jüdischen Fabrikantenfamilie, sein evangelischer Vater war früh verwaist und verarmt. Die lebenslustige Mutter Lilli Jahn überzeugte den unsicheren Vater während des gemeinsamen Medizinstudiums von ihrer Liebe und die Jahns eröffneten eine gemeinsame Hausarztpraxis in Immenhausen.

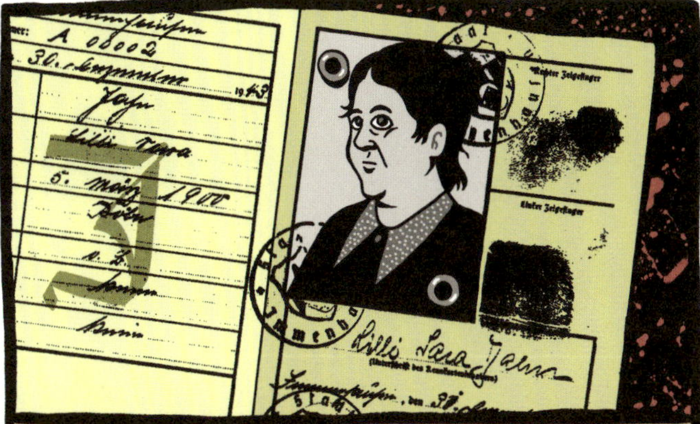

II. Kurze Zeit nach der Machtübernahme der Nazis wurde die Praxis der beiden boykottiert. Lilli Jahn verließ kaum mehr das Haus. 1942 ließ sich Gerhard Jahns Vater von seiner Frau scheiden und heiratete seine Geliebte, die ein Kind von ihm erwartete. Gerhard Jahns Mutter Lilli war nun schutzlos der Gestapo ausgeliefert. Sie zog mit seinen Geschwistern nach Kassel, wo sie allerdings schnell denunziert und verhaftet wurde.

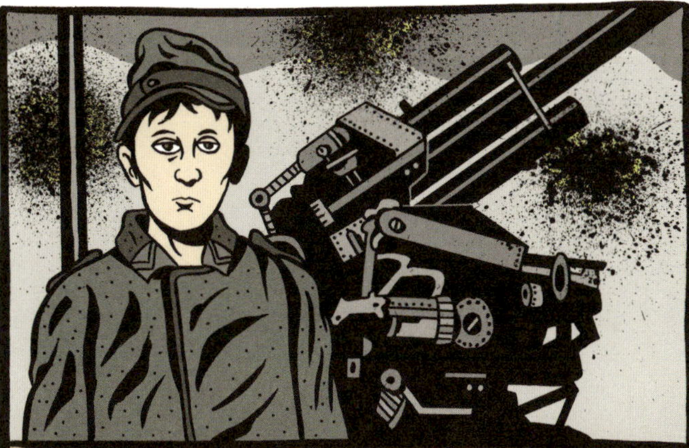

III. Gerhard Jahn und seine Geschwister blieben zurück und waren nun sich selbst überlassen. Seine älteste Schwester sorgte sich um die jüngeren Geschwister, während Gerhard Jahn eingezogen wurde und nun als Flakhelfer diejenigen aufhalten sollte, die seine Mutter hätten retten können. 1944 wurde seine Mutter Lilli aus dem KZ Breitenau bei Kassel in das KZ Auschwitz deportiert, wo sie 1945 starb.

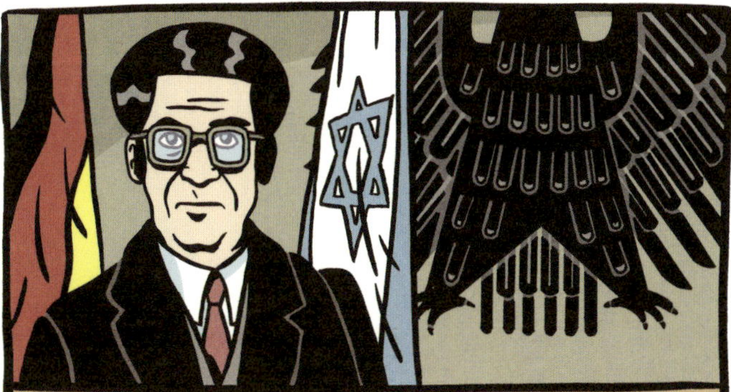

IV. 1949 trat Gerhard Jahn in die SPD ein. Er studierte Rechtswissenschaften in Marburg und wurde 1957 als Rechtsanwalt zugelassen. Im gleichen Jahr wurde er Abgeordneter des Deutschen Bundestages. Von 1960 bis 1961 war er Vorsitzender des Ausschusses für Wiedergutmachung. In dieser Funktion lehnte er den Begriff der „Wiedergutmachung" offen ab und sprach stattdessen von „Entschädigung". Er setzte sich dafür ein, Entschädigungen in bereits geregelten Fällen zu beschleunigen und mahnte eine schonungslose Aufarbeitung der NS-Vergangenheit an.

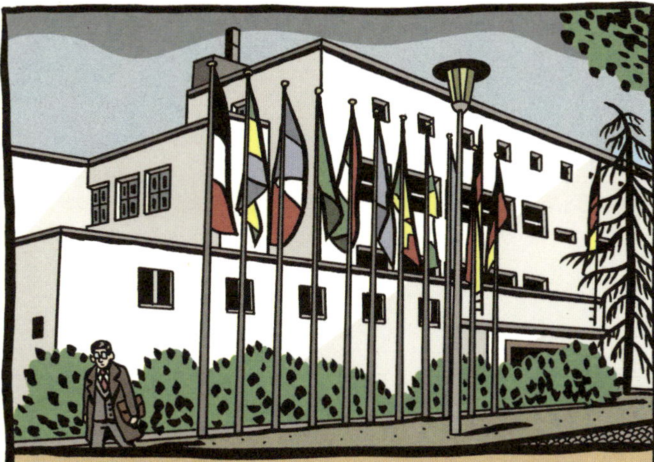

V. Im Jahr 1969 wurde Jahn Justizminister im Kabinett von Willy Brandt. Er unterstützte maßgeblich die Vorstellung des „mündigen Bürgers", der vom Staat nicht nur kontrolliert, sondern auch geschützt werden sollte. Mietrecht, Demonstrationsstrafrecht sowie das Ehe- und Scheidungsrecht sollten modernisiert und reformiert werden.

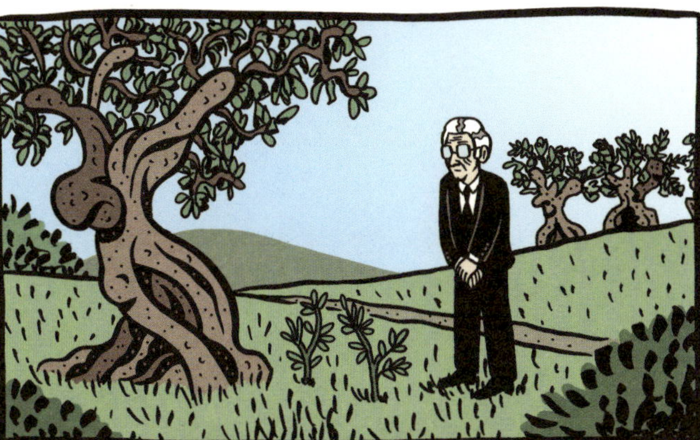

VI. Gerhard Jahn war 1966 Gründungsmitglied der „Deutsch-Israelitischen Gemeinschaft" und unterstützte die „Stiftung Wiedergutmachung". Im Gedenken an seine Mutter Lilli pflanzte er 1962 zwei Bäume im „Wald der Märtyrer" in den Hügeln vor Jerusalem. Nach seinem Tod im Jahr 1998 fand man auf seinem Dachboden über 200 Briefe, die seine Mutter ihren Kindern aus den Lagern geschickt hatte. Ein Zeitzeugnis, das Gerhard Jahns Schaffen all die Jahre über beeinflusst hatte.

Hildegard Hamm-Brücher

* 11. Mai 1921 in Essen; † 7. Dezember 2016 in München

I. Nach dem frühen Tod ihrer Eltern wuchs Hildegard Hamm-Brücher bei ihrer jüdischen Großmutter in Dresden auf. Um der Deportation nach Theresienstadt zu entgehen, nahm sich ihre 80-jährige Großmutter 1942 das Leben. Ihre Brüder kamen in Arbeitslager oder gingen in den Untergrund.

II. 1937 warf man Hildegard Hamm-Brücher als „Halbjüdin" aus dem Internat Salem. Aus dem gleichen Grund wurde sie später von ihrem Chemiestudium in München zwangsexmatrikuliert. In dieser Zeit lernte sie Sophie Scholl und andere Mitglieder der Weißen Rose kennen, ohne jedoch um deren Aktivitäten zu wissen. Ein Satz aus den Flugblättern der Weißen Rose wurde zu ihrem persönlichen Grundsatz: „Zerreißt den Mantel der Gleichgültigkeit, statuiert Exempel, seid verantwortlich für euer Tun und Lassen, unterlasst Wegsehen und Schulterzucken."

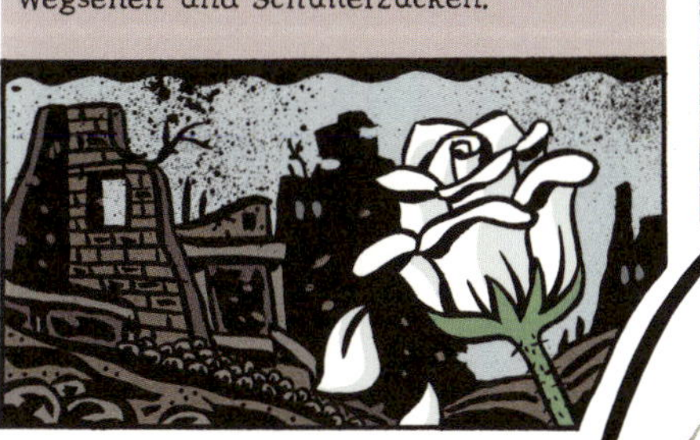

III. Sie promovierte 1945, wurde Wissenschaftsredakteurin bei der *Neuen Zeitung* und trat in die FDP ein. 1948 wurde sie Münchner Stadträtin und später bayerische Landtagsabgeordnete, obwohl man sie u. a. bei der Wahl 1962 auf einen schlechten Listenplatz verbannte, da ihre männlichen Parteikollegen sie als „zu klug und zu aufrichtig" bewerteten.

IV. Von 1976 bis 1990 war sie Abgeordnete des Deutschen Bundestages. Von der Nachkriegsgesellschaft aus „sich selbst rehabilitierenden Unschuldslämmern" forderte sie eine schonungslose Auseinandersetzung mit der NS-Vergangenheit, weshalb sie sich auch für den gesellschaftlichen „Epochenwechsel" der späten 1960er Jahre begeisterte.

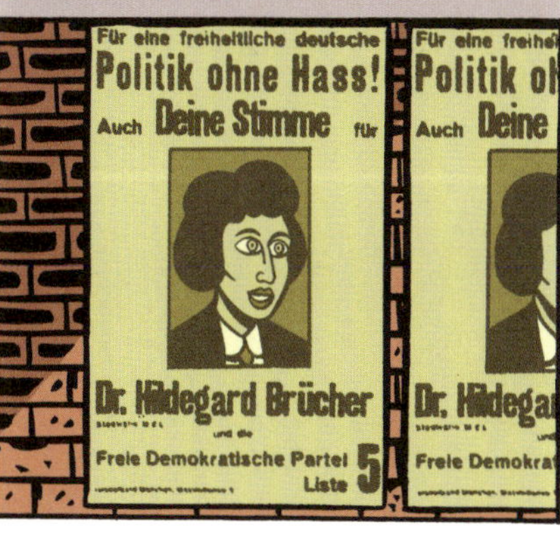

V. 1969 wurde sie Staatssekretärin für das Bundesministerium für Bildung und Wissenschaft und später Staatsministerin im Auswärtigen Amt. Das konstruktive Misstrauensvotum gegen Bundeskanzler Helmut Schmidt wollte sie nicht mittragen. Hildegard Hamm-Brücher verlor alle politischen Ämter und wurde in der FDP an den Rand gedrängt.

„Ich finde, dass beide dies nicht verdient haben, Helmut Schmidt, ohne Wählervotum gestürzt zu werden, und Sie, Helmut Kohl, ohne Wählervotum zur Kanzlerschaft zu gelangen."

VI. Aufgrund ihrer großen Beliebtheit in der Bevölkerung und ihres gesellschaftlichen Engagements blieb sie jedoch eine bedeutende moralische Instanz. Als überzeugte Demokratin war es deshalb nur konsequent, dass sie den formalen Anschluss des DDR-Gebiets an die BRD 1990 ohne einen Volksentscheid über eine gemeinsame Verfassung kritisch bewertete. 1994 kandidierte sie erfolglos für das Amt des Bundespräsidenten.

VII. Entrüstet über die antiisraelischen Positionen des stellvertretenden FDP-Bundesvorsitzenden Jürgen Möllemann trat sie 2002 nach 54 Jahren Mitgliedschaft aus der FDP aus. In ihrem Nachruf auf Hildegard Hamm-Brücher schrieb die Wochenzeitung *Die Zeit*: „Es gab nicht viele, die dafür sorgten, dass wir Deutschen auf dem dünnen Eis der Demokratie nach 1949 nicht eingebrochen sind."

Petra Kelly

* 29. November 1947 in Günzburg; † vermutlich 1. Oktober 1992 in Bonn

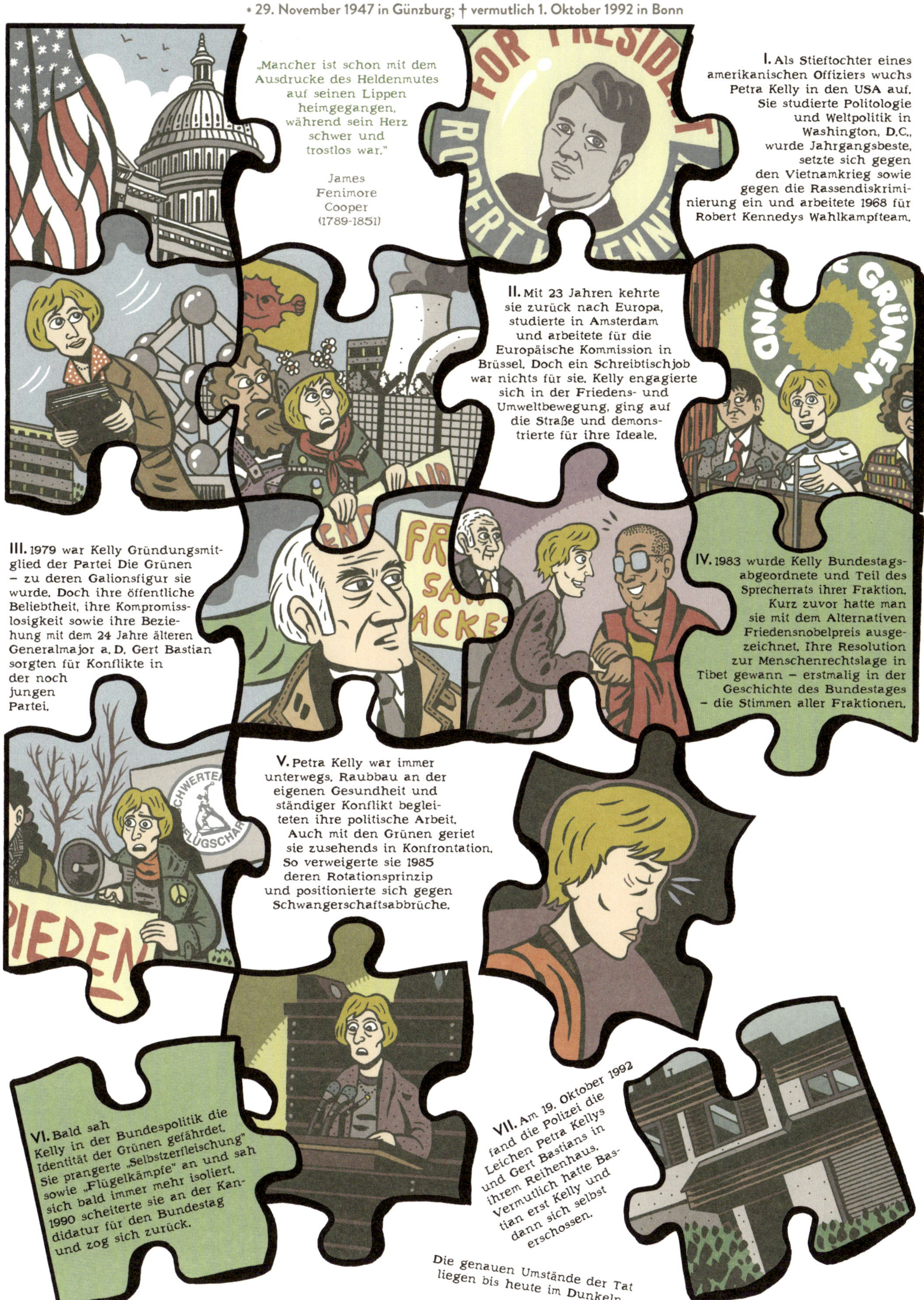

Michaela Geiger

* 29. September 1943 in Oberammergau; † 30. Dezember 1998 in München

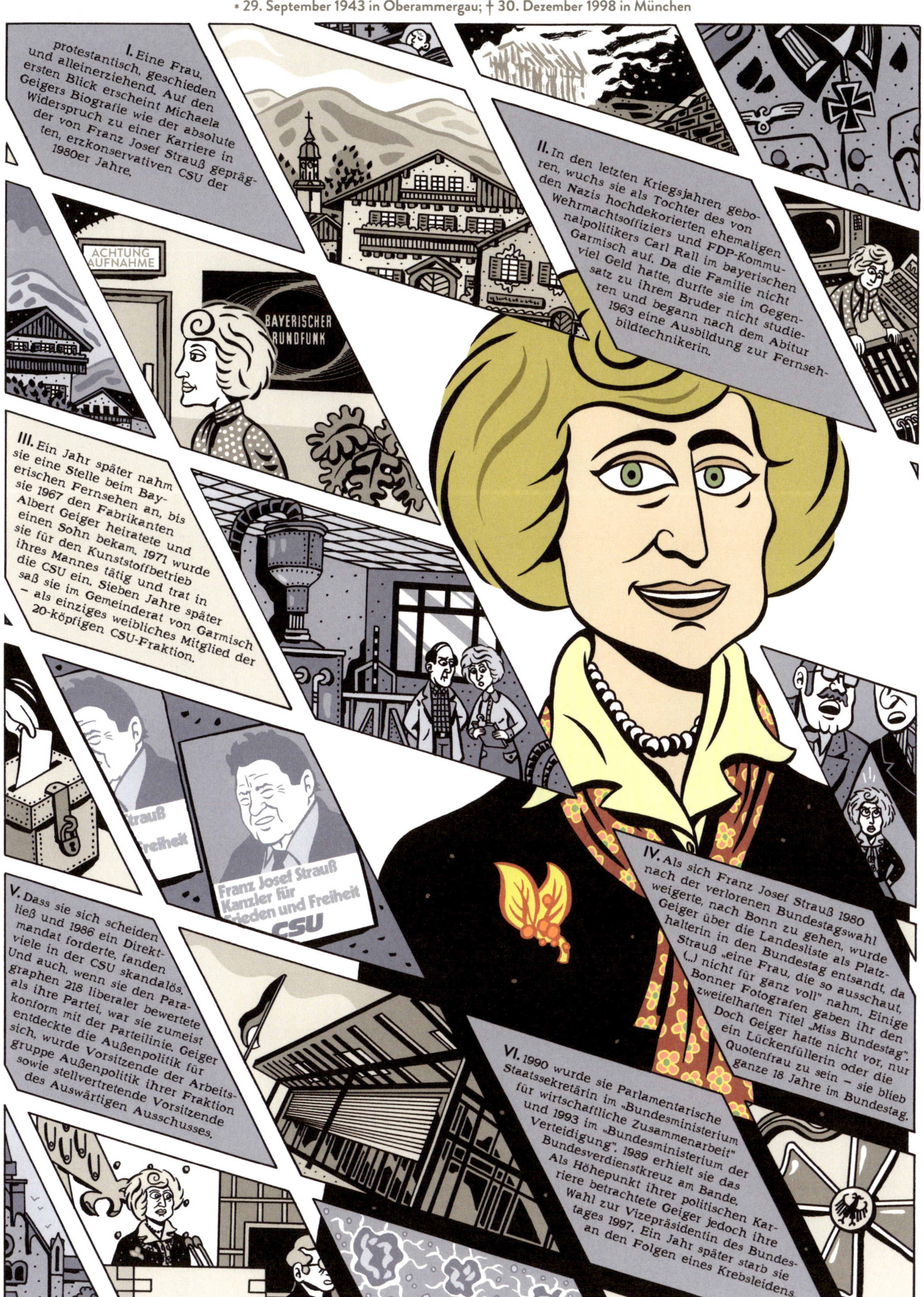

Walter Schwenninger

* 4. August 1942 in München; † 24. September 2010 in Tübingen

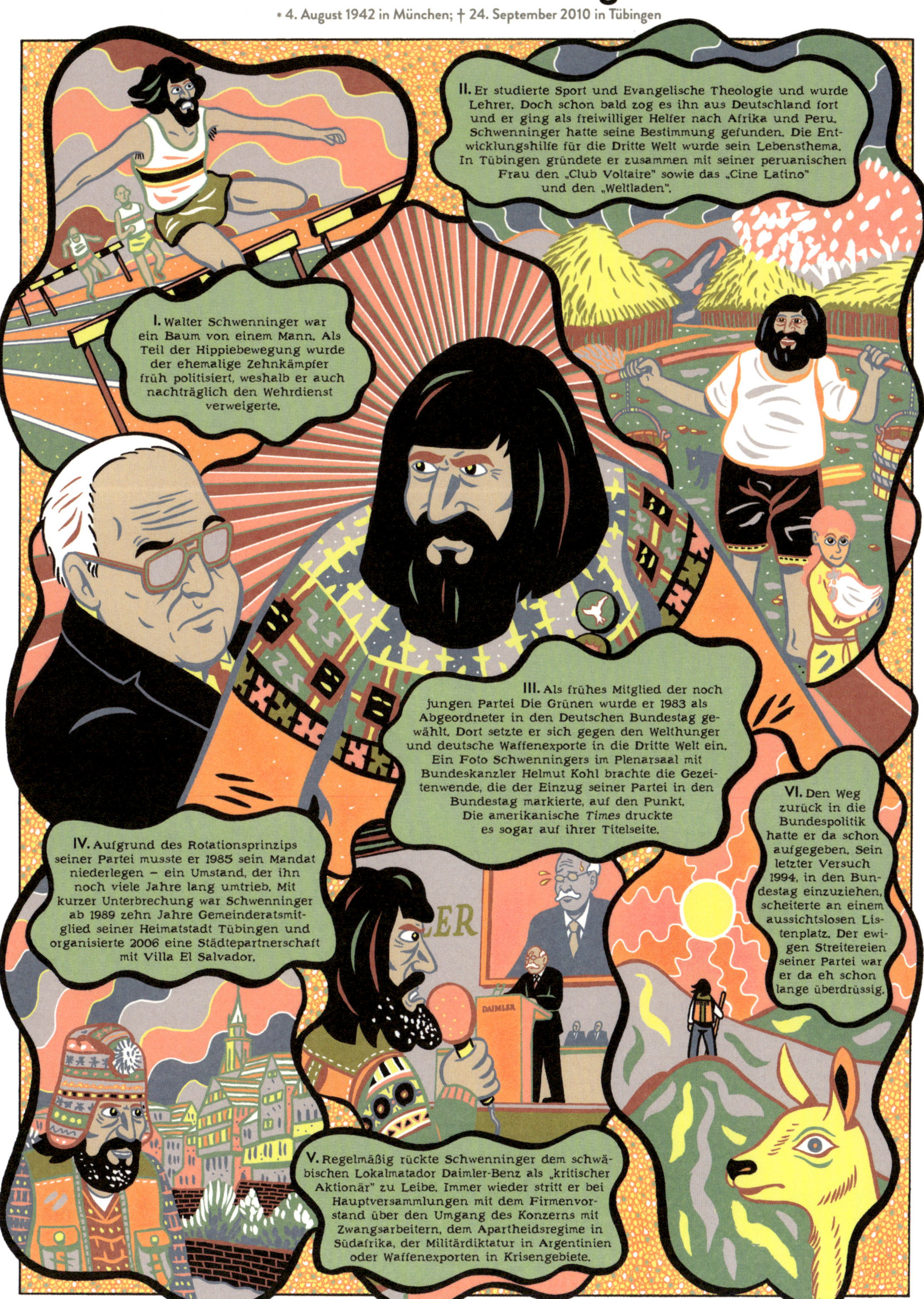

Heiner Geißler

* 3. März 1930 in Oberndorf am Neckar; † 11. September 2017 in Gleisweiler

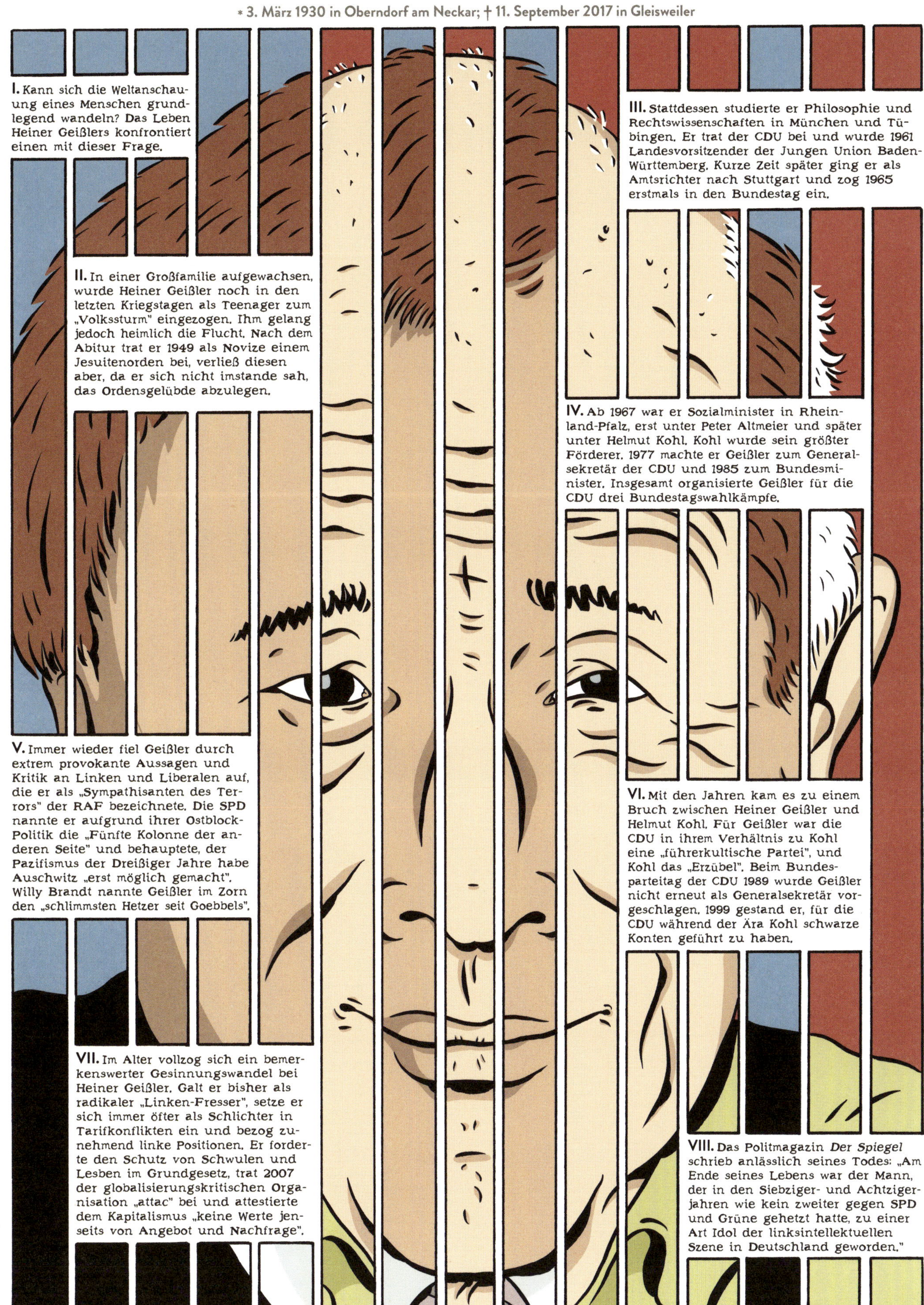

Bärbel Bohley

* 24. Mai 1945 in Berlin; † 11. September 2010 in Strasburg, Uckermark

„Wenn ich nur hätte malen wollen, wäre ich mit dreißig aus der DDR weggegangen. Aber mein Leben ist halt nicht nur Malerei."

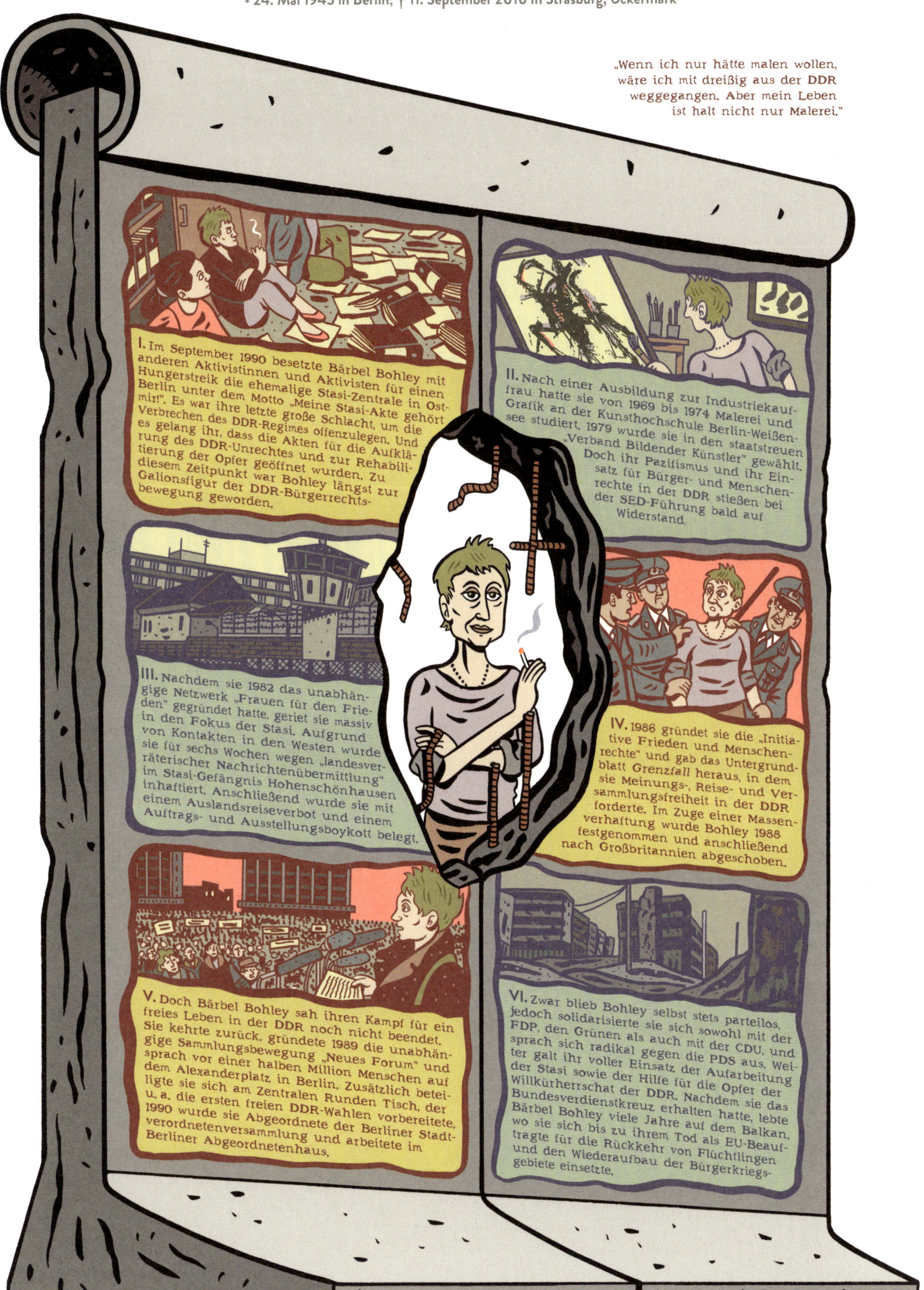

Wolfgang Ullmann

* 18. August 1929 in Gottleuba; † 30. Juli 2004 in Adorf/Vogtland

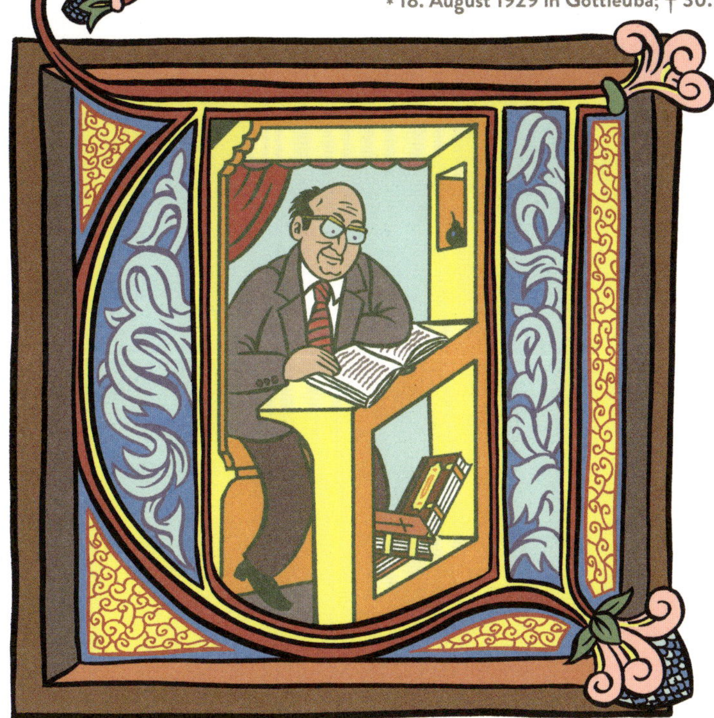

„So ich das sage, muss ich aufrührerisch sein."
Thomas Müntzer
(1489-1525)

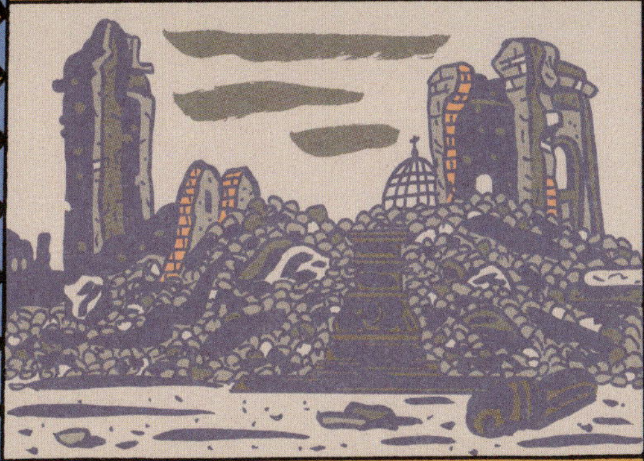

I. Unweit von Dresden geboren und zutiefst von den Schrecken des Zweiten Weltkrieges geprägt, begann der spätere DDR-Bürgerrechtler Wolfgang Ullmann 1948 das Studium der Evangelischen Theologie und Philosophie in West-Berlin und Göttingen. Trotz erster Zweifel kehrte er nach seiner Promotion 1954 zurück in die DDR und wurde Pfarrer der Landgemeinde Colmnitz.

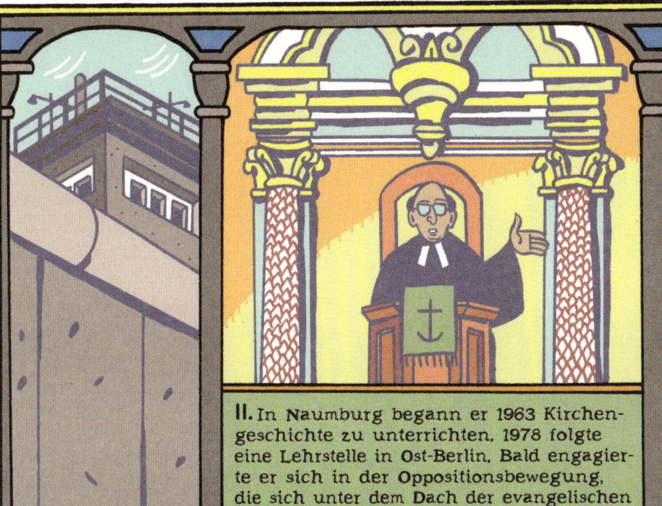

II. In Naumburg begann er 1963 Kirchengeschichte zu unterrichten. 1978 folgte eine Lehrstelle in Ost-Berlin. Bald engagierte er sich in der Oppositionsbewegung, die sich unter dem Dach der evangelischen Kirche der DDR formierte. Dadurch geriet er in den Fokus des SED-Regimes, das seine Texte zensierte, da es in ihnen „ein Stückchen Holz zum Scheiterhaufen für die Macht der Arbeiterklasse" sah.

III. Als es bei DDR-Kommunalwahlen 1989 offensichtlich zu Wahlfälschungen kam, half Ullmann aktiv bei der Aufklärung. Er wurde Gründungsmitglied der Bürgerbewegung „Demokratie Jetzt" und forderte die demokratische Umgestaltung der DDR sowie die Deutsche Einheit. Als Vertreter der Bewegung saß er im Laufe der friedlichen Revolution am „Zentralen Runden Tisch", wo Opposition und DDR-Regierung u. a. über freie Wahlen und das Ende der SED-Herrschaft diskutierten.

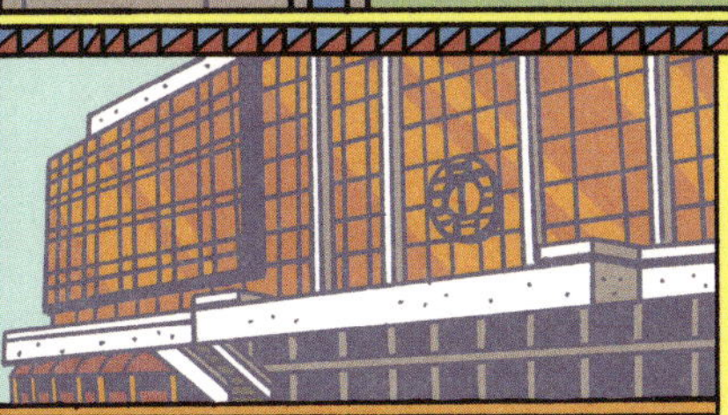

IV. Im Februar 1990 zog Ullmann als Mitglied von Bündnis 90 in die Volkskammer der DDR ein, der er bis zu ihrem Ende im Oktober 1990 angehörte. Bis April 1990 war er Minister ohne Geschäftsbereich in der Regierung Modrow. Er wurde Vizepräsident der Volkskammer und arbeitete an einem nie beschlossenen Entwurf für eine neue DDR-Verfassung. Ullmanns besonderer Einsatz galt der Auflösung des Ministeriums für Staatssicherheit.

„Ich beantrage, in der Verfassung auf Gott zu verzichten – weil der da nicht hingehört."

V. Nach der Bundestagswahl 1990 wurde er Abgeordneter für Bündnis 90/Die Grünen im wiedervereinten Deutschland. 1991 trat er der Gemeinsamen Verfassungskommission von Bundestag und Bundesrat bei, wo er für die Verankerung von Volksentscheiden im Grundgesetz plädierte. Ferner forderte der Theologe Ullmann, dass der Gottesbegriff aus dem Grundgesetz gestrichen werde. Als seine Forderungen an einer konservativen Mehrheit scheiterten, verließ Ullmann frustriert die Kommission.

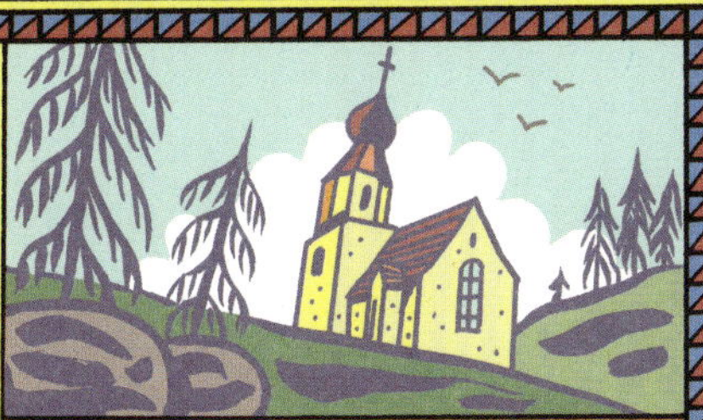

VI. Für die kommende Bundestagswahl verzichtete Ullmann auf eine erneute Kandidatur, stattdessen wurde er 1994 Abgeordneter im Europaparlament. Als Herausgeber der Wochenzeitung *der Freitag* setzte er sich aber weiter kritisch mit der Bundespolitik auseinander, der er mangelndes Engagement im Osten vorwarf. Kurz vor seinem unerwarteten Tod ehrte die Stadt Berlin Wolfgang Ullmann im Juli 2004 mit dem Ehrentitel eines Berliner „Stadtältesten".

Udo Haschke

* 16. Juni 1944 in Gera; † 4. März 2009 in Jena

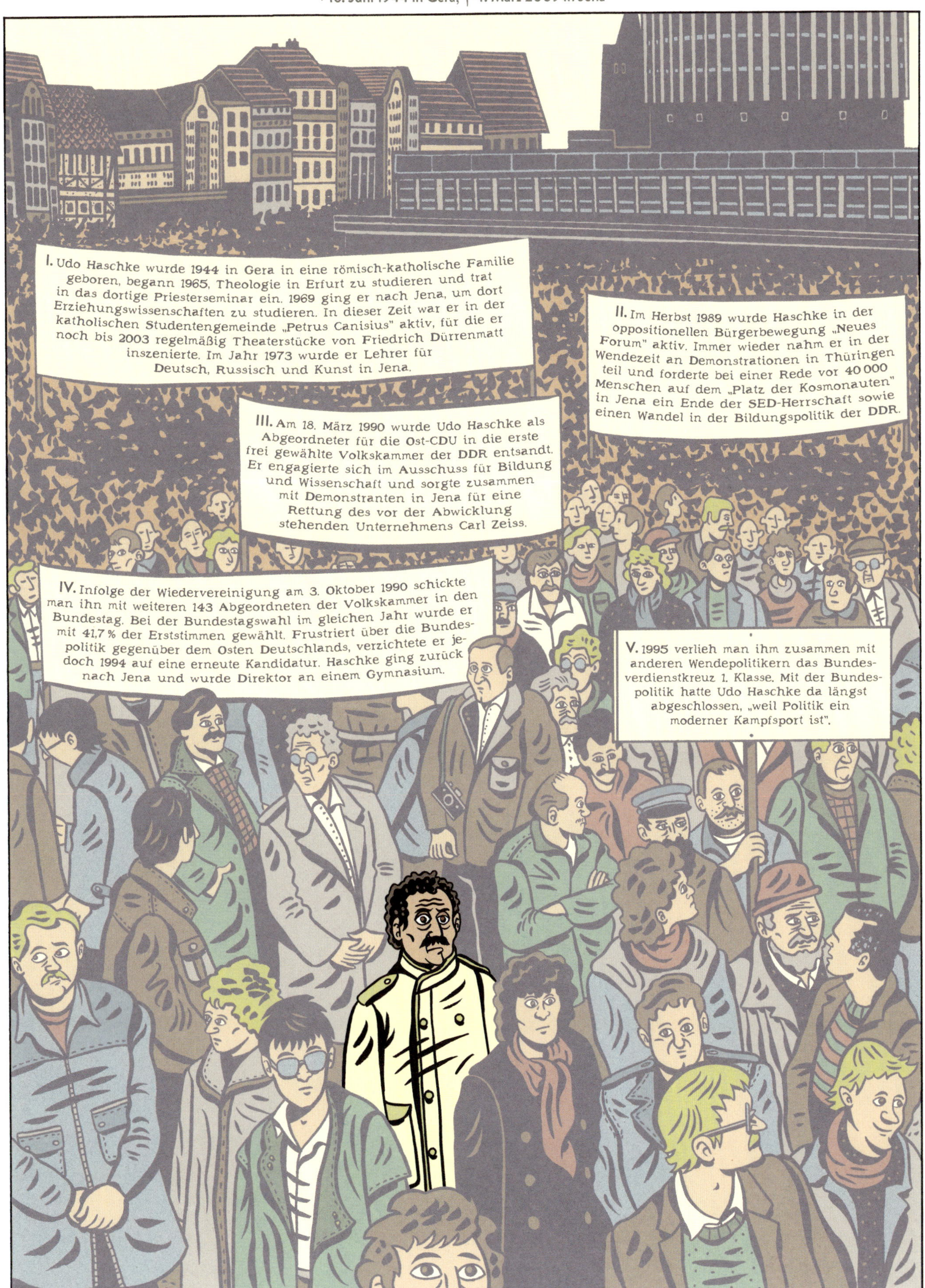

Lothar Bisky

* 17. August 1941 in Zollbrück, Pommern; † 13. August 2013 in Leipzig

I. Lothar Bisky wuchs als Kind von Ost-Vertriebenen in ärmlichen Verhältnissen in Schleswig-Holstein auf. Aus Begeisterung für den Kommunismus und da ihm seine Familie kein Studium finanzieren konnte, ging er 1959 heimlich über die Grüne Grenze in die DDR. Dort arbeitete er zunächst in einem Teerwerk und machte parallel sein Abitur an einer Abendschule. 1963 begann er, Philosophie und Kulturwissenschaft zu studieren. Ein Jahr später trat er in die SED ein.

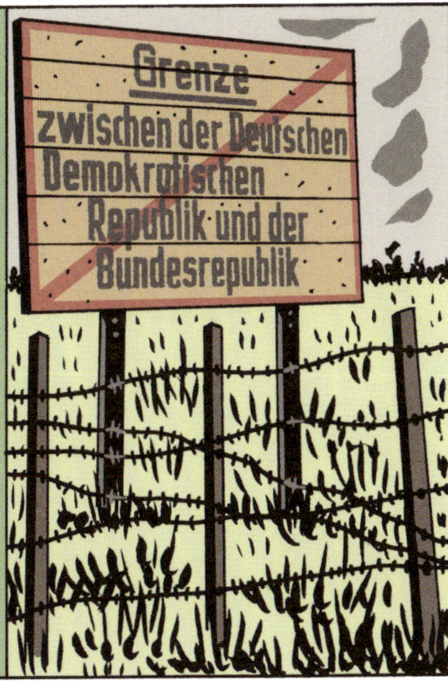

II. Bisky machte schnell eine akademische Karriere. Bereits 1969 promovierte er und wurde 1979 Honorarprofessor. Ein Jahr später wurde er Professor an der Akademie für Gesellschaftswissenschaften beim Zentralkomitee der SED. 1986 ernannte man ihn zum Rektor der Hochschule für Film und Fernsehen Potsdam.

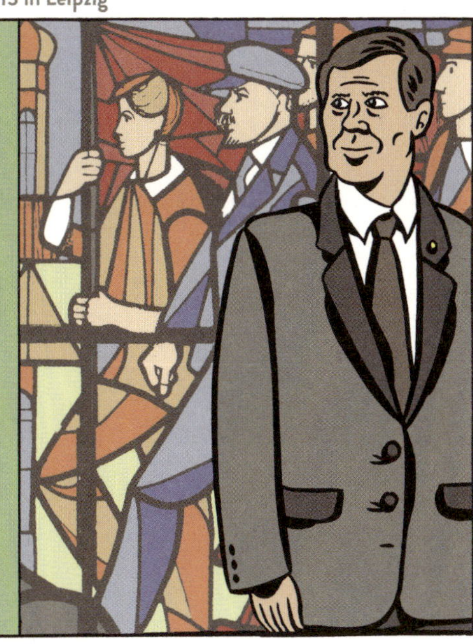

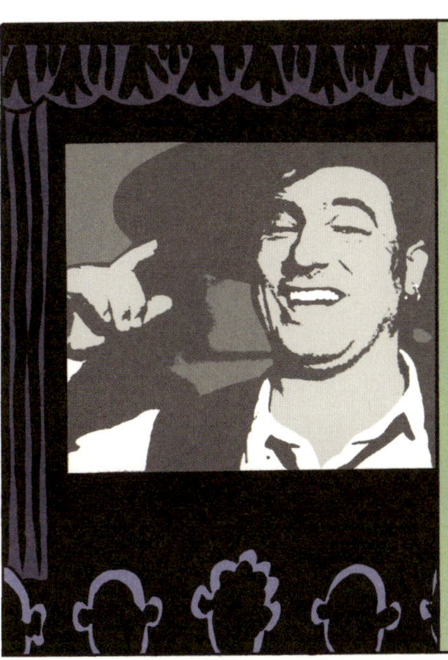

III. Biskys Ära an der Hochschule bedeutete einen politischen Klimawandel. Zwar war er fest im System verankert, trotzdem ließ er zensierte Filme zeigen und ermöglichte Studenten die Teilnahme an ausländischen Filmfestivals. Als er immer mehr in Konflikt mit der SED geriet, ließ er sich seinen Rückhalt bei den Studierenden durch eine freie Wahl bestätigen – ein Novum in der DDR. Ferner sorgte er dafür, dass bei den DDR-Kommunalwahlen 1989 Wahlkabinen aufgestellt wurden, um eine geheime Wahl zu garantieren.

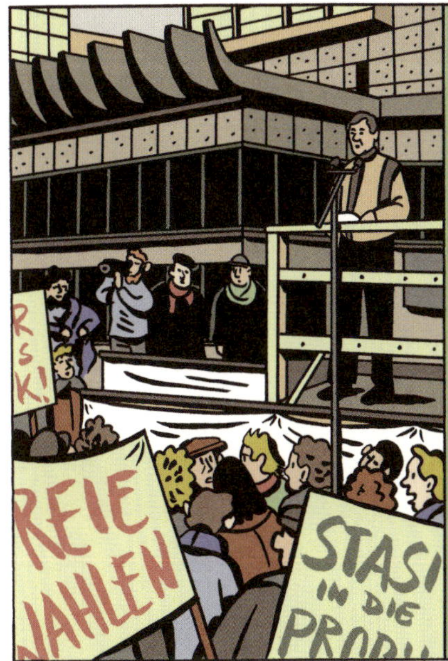

IV. Mit einer Rede vor einer halben Million Demonstranten am 4. November 1989 geriet Bisky schlagartig ins Rampenlicht. Er forderte einen Fortbestand der DDR und einen reformierten Sozialismus – fünf Tage später fiel die Mauer. Er wurde als Reformer in den SED-Vorstand gewählt und wechselte später ins Präsidium der PDS. Als Vertreter der untergehenden Staatsmacht saß er mit am Zentralen Runden Tisch und ging 1990 in die erste frei gewählte Volkskammer der DDR.

V. Im Anschluss wechselte Bisky in den brandenburgischen Landtag, dessen Vizepräsident er wurde. 1995 kam es erstmals zu Vorwürfen, Bisky sei für die Stasi tätig gewesen. Recherchen ergaben, dass er bereits seit 1966 als Inoffizieller Mitarbeiter der Staatssicherheit geführt wurde. Trotz weiterer Belege stritt Bisky die Anschuldigungen vehement ab. Noch ein Jahr zuvor hatte er als Vorsitzender eines Untersuchungsausschusses zur Aufklärung ähnlicher Vorwürfe gegen Manfred Stolpe diesen entlastet. 2003 wurde Bisky Parteivorsitzender der PDS und organisierte deren Fusion mit der WASG zur neuen Partei Die Linke.

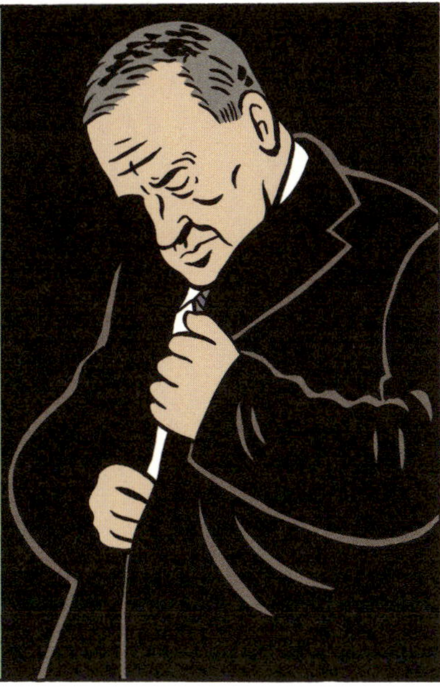

VI. Bei der Wahl 2005 zog Bisky in den Bundestag ein. Dort scheiterte er bei den Wahlen zum Vizepräsidenten, trotz des bis dato ungeschrieben Gesetztes, dass Vorschläge anderer Fraktionen ohne Vorbehalt akzeptiert würden. Grund waren vermutlich seine Stasi-Verstrickungen. 2007 erfuhr Bisky heftige Kritik, als er den Schießbefehl an der Berliner Mauer anzweifelte. Kurze Zeit später wechselte er in das EU-Parlament und wurde Herausgeber des ehemaligen SED-Zentralorgans *Neues Deutschland*. Trotz oder gerade wegen all seiner Widersprüchlichkeiten wurde Lothar Bisky nach seinem Tod von fast allen Fraktionen des Bundestags vor allem für seine überparteiliche Kollegialität geehrt.

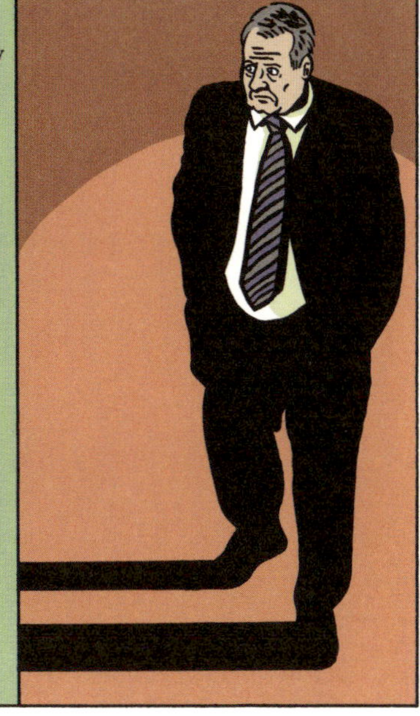

Regine Hildebrandt

* 26. April 1941 in Berlin; † 26. November 2001 in Woltersdorf bei Berlin

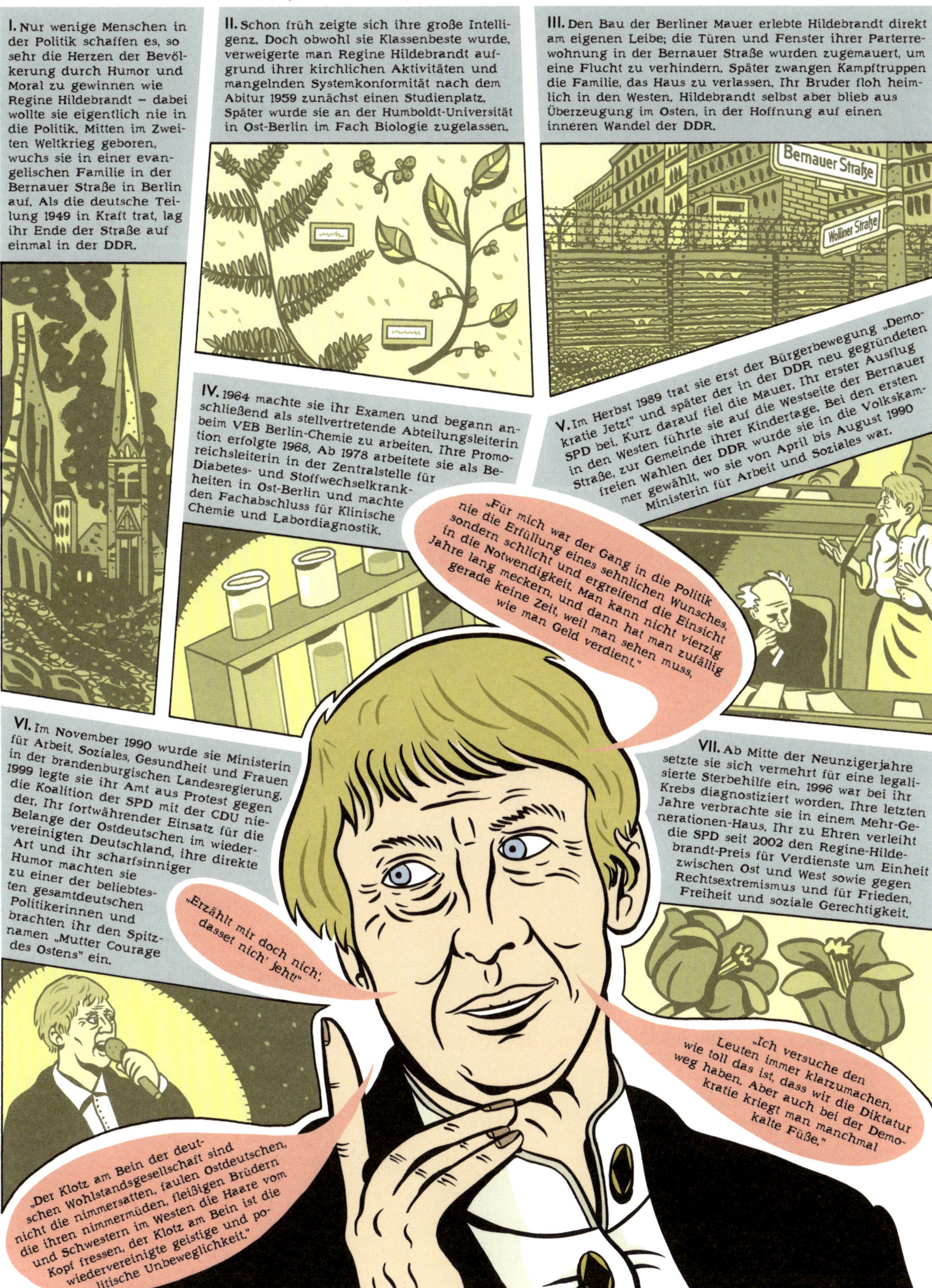

Jakob Maria Mierscheid

* 1. März 1933 in Morbach

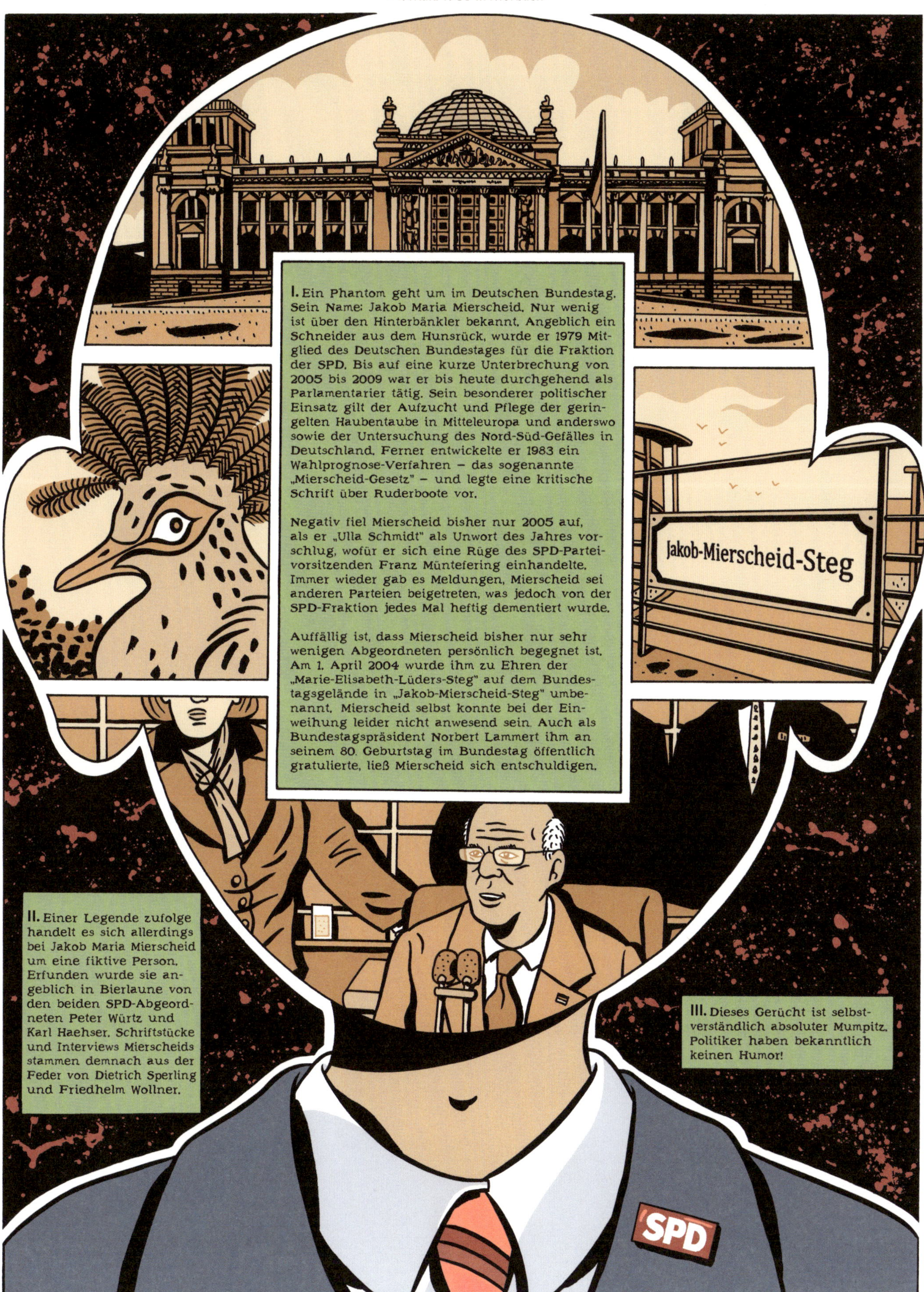

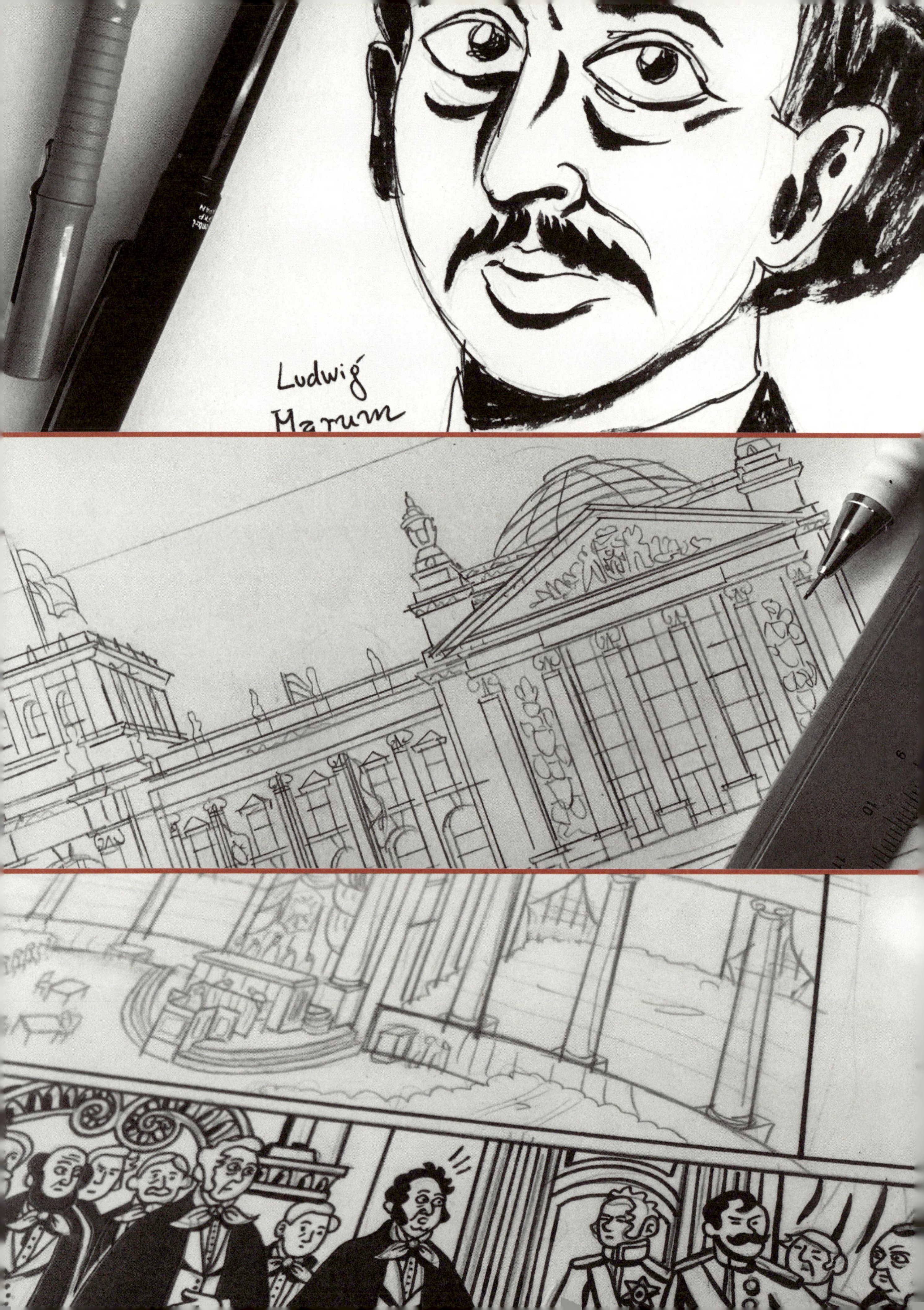
Ludwig Marum

Politik im Comic
DAS PARLAMENT von Simon Schwartz

von Kristina Volke

Als der Kunstbeirat des Deutschen Bundestages den Zeichner Simon Schwartz im Jahr 2016 mit dem ersten Teil der Serie „Das Parlament“ beauftragte, war keineswegs sicher, dass ein solches Projekt gelingen könnte. Vorbild war die Comicreihe *Vita Obscura* (zu Deutsch: Leben im Dunkeln), die Simon Schwartz für die Wochenzeitung *der Freitag* gezeichnet hatte. Dabei hatte er unbekannte, exzentrische, jedoch stets wahre Biografien längst vergessener aber bedeutender Persönlichkeiten recherchiert, wie etwa die des Landstreichers Joshua Norton, der sich selbst zum Kaiser der USA krönte, oder die des letzten Samurai Onoda Hirō oder des blinden britischen Globetrotters James Holman. Bei der Auftragsarbeit für den Deutschen Bundestag sollten hingegen Leben und Wirken deutscher Parlamentarier und Wegbereiter des Parlamentarismus, die in den anderthalb Jahrhunderten zwischen der Paulskirchenverfassung 1849 und der Wiedervereinigung Deutschlands 1990 das politische Schicksal des Staates geprägt hatten, in jeweils einseitigen Comic-Biografien dargestellt werden.

Der Auftrag vertraute von Anfang an auf die Erzählkraft Simon Schwartz‘, der seine Zugänge zu Biografien bereits mehrmals eindrücklich unter Beweis gestellt und sich im Gegensatz zu vielen anderen Künstlern seiner Zunft nicht mit fiktiven Geschichten, sondern mit überlieferter Geschichte beschäftigt hat: Die Graphic Novel *drüben!* erzählt von der Ausreise seiner Eltern aus der DDR; *Packeis* vom afroamerikanischen Polarforscher Matthew Henson, der als erster Mensch den Nordpol bereiste und so sogar in die Sagenwelt der Inuit einging; in *IKON* rekonstruiert er die Geschichte der vermeintlichen Zarentochter Anastasia, die, entdeckt von einem russischen Ikonenmaler im amerikanischen Exil, Anspruch auf den Adelstitel der Zarenfamilie erhebt.

Mehr als an den amerikanischen Vorbildern orientiert sich Schwartz in seinen Comics an einer maßgeblich in Deutschland geprägten Erzähltradition, die seit Wilhelm Buschs gezeichneten Possen von „Max und Moritz“ (1865) fest zum Bildgedächtnis der Deutschen gehört. Schwartz hat sich nicht nur mit Wilhelm Busch, sondern auch mit den fast vergessenen Comiczeichnern der allerersten Generation beschäftigt: Er forschte und publizierte über den Schweizer Zeichner Rodolphe Töpffer, dem von Goethe protegierten Ahnvater des modernen Comics und Verfasser der Bildgeschichte *Les amours de Monsieur Vieux-Bois* (1827) und zu Johann Hermann Detmold, der sechzehn Jahre vor *Max und Moritz* in der Bildergeschichte *Taten und Meinungen des Herrn Piepmeyer* von den Tölpeleien eines fiktiven Abgeordneten der Frankfurter Nationalversammlung erzählte.

Der Auftrag war trotzdem ein Experiment für beide Seiten, eines, das trotz des für Politikerbildnisse so ungewohnten Genres geradezu heiter gelang und dabei weder die Würde des Bundestages noch die künstlerische Freiheit infrage stellte. Im Gegenteil. Simon Schwartz ist ein bemerkenswertes Werk gelungen, in dem 45 Einzelbiografien auf jeweils einer Seite eindrücklich von Leben und Schicksal Abgeordneter verschiedener Generationen und Religionen, unterschiedlicher sozialer oder regionaler Herkunft und oft gegensätzlicher politischer Passionen und Überzeugungen berichten.

Die Beschränkung auf eine Seite ist dabei eine besondere Herausforderung, denn sie erzwingt eine pointierte Erzählung, in der die kurzen Texte weniger sachliche Information als eher ein Türöffner in die zugrunde liegende Erzählung sein können, und die Zeichnungen den Assoziationsraum um konkrete visuelle Ausdeutungen und Ansichten erweitern.

Wie in der Serie *Vita Obscura* nutzt Schwartz dabei die schier unendlichen Möglichkeiten des Comics, um Inhalt und Form aufeinander abzustimmen und für jede Seite ein eigenes Konzept für das Zusammenspiel von Bild und Text zu entwickeln: Der Bogen zu Ludwig Windthorst etwa ist wie ein Kirchenfenster unterteilt und schafft so einen Bezug zur St.-Ludwigs-Kirche in Berlin-Wilmersdorf, die als Gedächtniskirche für den Politiker römisch-katholischen Glaubens gilt. Das Leben des weltberühmten Pathologen Rudolf Virchow wird in der Struktur einer medizinischen Darstellung des menschlichen Kopfes erzählt, der an Virchows Verdienste um die medizinische Forschung erinnert. Schwartz nutzt Collagetechniken und holt vorhandene Bilder wie Fotografien und Gemälde in seine gezeichneten Erzählungen und gibt den in Vergessenheit geratenen Welten alter Zeiten neue, konkrete Bilder, die die Geschichte in unsere heutige Vorstellungswelt einbinden.

In den Comic-Biografien spiegeln sich viele der existenziellen Konflikte und Verwerfungen wider, die im Prozess des Zusammenschlusses verschiedener Fürstentümer und Königreiche zu einem parlamentarisch regierten deutschen Staat entstanden. Sie zeigen die Hoffnungen der Weimarer Republik und die Unmöglichkeit demokratischen Handelns während des nationalsozialistischen Terrorregimes. Sie erzählen von den Weichenstellungen für eine parlamentarische Demokratie und von den Wandlungsprozessen in einer sich weitenden Parteienlandschaft, um schließlich bei vier VertreterInnen der im März 1990 demokratisch gewählten Volkskammer der DDR zu enden. Die Sammlung enthält auch einige wenige Biografien von Persönlichkeiten, die zwar keine gewählten Mitglieder eines Parlaments waren, aber durch ihren Kampf für Demokratie und freie Wahlen zur Geschichte des Parlamentarismus beigetragen haben: Schwartz erzählt deshalb auch von dem Fremdenlegionär und Minister August Giacomo Jochmus, von der Frauenrechtlerin Elisabeth Selbert und der Bürgerrechtlerin Bärbel Bohley.

Die ausgewählten Namen zeigen, dass Schwartz sich nicht auf das Offensichtliche gestürzt und nur die weithin bekannten Biografien ausgewählt oder sich an bereits bekannten historischen Daten abgearbeitet hat. Stattdessen interessierte er sich für die oft in Vergessenheit geratene Vielfalt individueller Lebenswege, für die Konflikte und Zufälle, auch für die jähen Wendungen, die die Entscheidungen und den Werdegang jedes einzelnen Abgeordneten bestimmten – ganz gleich, ob es sich um einen bekannteren oder weniger geläufigen Namen handelt. Auf diese Weise gelingt Simon Schwartz der schwierige Brückenschlag zwischen Geschichte und Erinnerung als individuell erlebtem Moment. Die Erinnerung daran, dass Politik von vielen Einzelnen gestaltet und dass Demokratie das Werk vieler miteinander ringender Interessen und ihrer ProtagonistInnen ist, könnte sinnfälliger kaum dargestellt werden.

Kristina Volke ist Kuratorin und stellvertretende Leiterin der Kunstsammlung des Deutschen Bundestages.

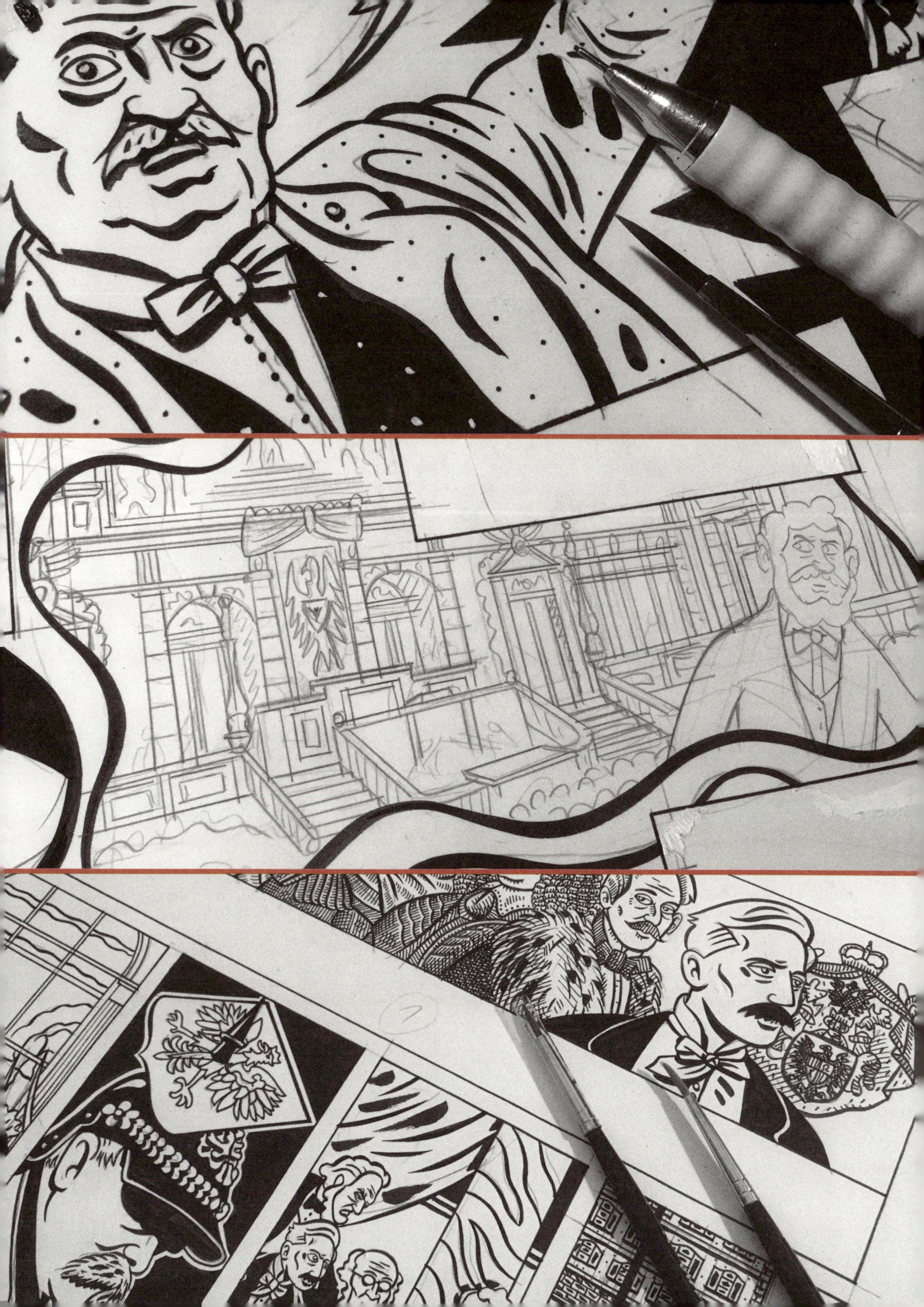

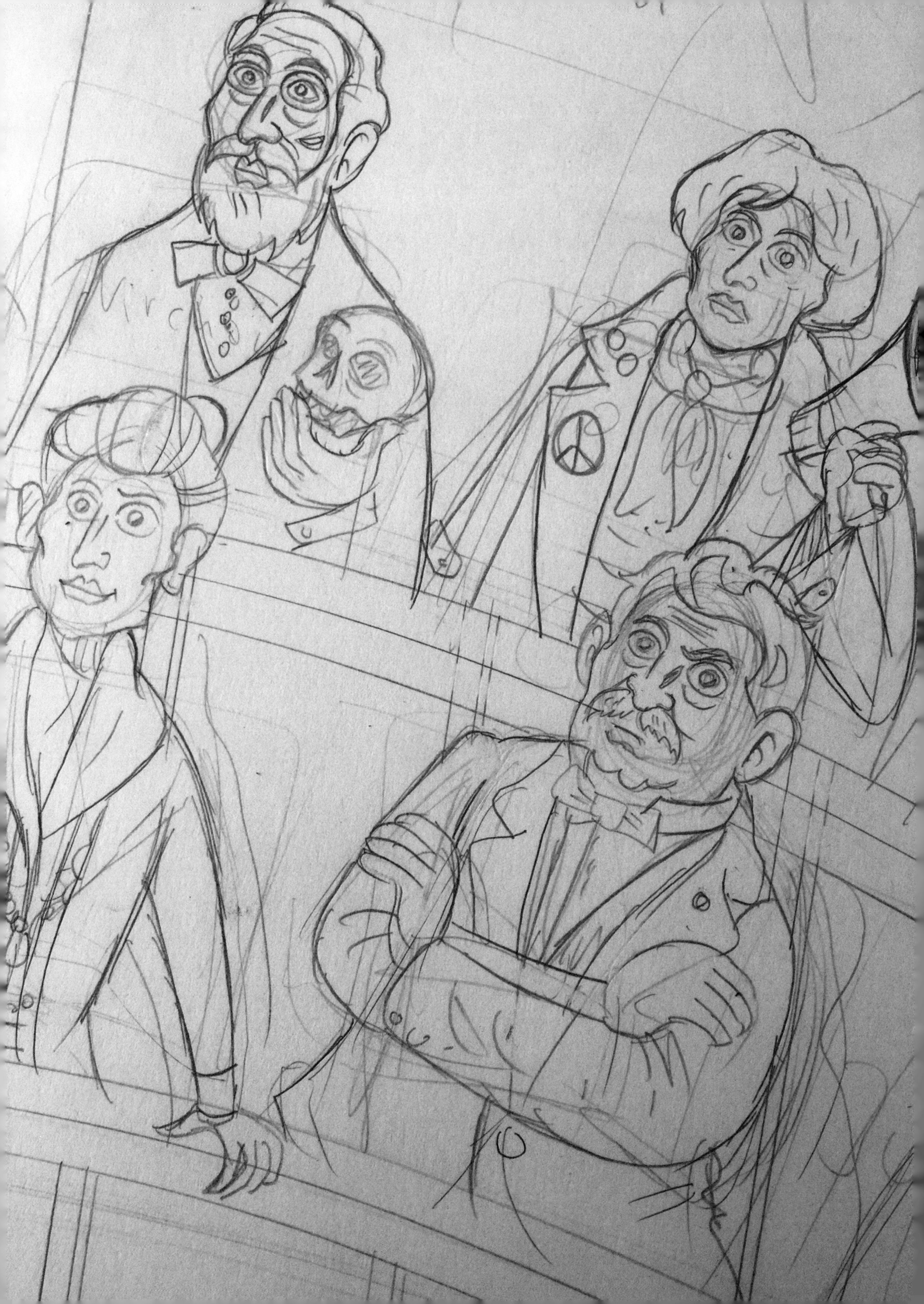

Glossar

Bamberger, Ludwig (1823-1899)
Journalist, Bankier und Abgeordneter der Nationalliberalen Partei im Reichstag. Aus einer jüdischen Bankiersfamilie stammend, berichtete er zunächst als Chefredakteur der *Mainzer Zeitung* über die Frankfurter Nationalversammlung und wurde später unter Bismarck Abgeordneter. Gehörte 1870 zu den Gründern der Deutsche Bank AG und gilt als Vater der Münzreform und der Deutschen Mark.

Baum, Marie (1874-1964)
Sozialpolitikerin und eine der ersten promovierten Chemikerinnen. Gründete 1925 die „Deutsche Akademie für soziale und pädagogische Frauenarbeit“. Reichstagsabgeordnete der DDP, später Lehrbeauftragte an der Universität Heidelberg. Nach dem Zweiten Weltkrieg Mitglied der CDU, die sie jedoch verließ, als sich diese vom christlichen Sozialismus abwandte. 1950 schrieb sie die Einführung zum *Tagebuch der Anne Frank*.

Bäumer, Gertrud (1873-1954)
Lehrerin, Publizistin, führend in der deutschen Frauenbewegung, Mitbegründerin und stellvertretende Vorsitzende der DDP, Mitglied der Weimarer Nationalversammlung, später des Reichstages. Delegierte der Reichsregierung beim Völkerbund in Genf. Später am politischen Aufbau und der Gründung der CSU beteiligt.

Bisky, Lothar (1941-2013)
Philosoph und Kulturwissenschaftler. Siedelte 1959 im Alter von 18 Jahren aus der Bundesrepublik in die DDR über. Nach seinem Studium arbeitete er u. a. als Dozent an der Akademie für Gesellschaftswissenschaften beim Zentralkomitee der SED. Ab 1990 Abgeordneter für die PDS in der Volksammer und ab 2005 im Bundestag. Scheiterte mehrfach an der Wahl zum Bundestagsvizepräsidenten u. a. aufgrund des Verdachts der IM-Tätigkeit.

Blachstein, Peter (1911-1977)
Journalist und KZ-Überlebender. Arbeitete 1935 mit Willy Brandt für das „Londoner Büro“ und schloss sich 1936 im Spanischen Bürgerkrieg der republikanischen Armee an. Herausgeber mehrerer Zeitungen, von 1949 bis 1968 Abgeordneter im Bundestag und später Botschafter der BRD in Jugoslawien.

Blum, Robert (1807-1848)
Abgeordneter der Frankfurter Nationalversammlung, Publizist, Verleger und Dichter. Nahm beim Oktoberaufstand 1848 an der Verteidigung Wiens gegen die kaiserlich-österreichischen Truppen teil und wurde nach der Niederschlagung des Aufstands standrechtlich hingerichtet.

Blumenfeld, Erik (1915-1997)
Der Sohn eines jüdischen Reeders wurde vom späteren *Zeit*-Verleger Gerd Bucerius vor den Nazis versteckt und überlebte mehrere Konzentrationslager. Nach dem Krieg wurde er Gründungsmitglied der CDU in Hamburg. 1961 wurde er Mitglied des Deutschen Bundestages, 1973 auch des Europäischen Parlaments. Sein besonderer Einsatz galt der Entwicklung und Pflege der Beziehungen zu Israel und den USA.

Bohley, Bärbel (1945-2010)
Galionsfigur der DDR-Bürgerrechtsbewegung und Malerin. 1988 im Stasi-Gefängnis Hohenschönhausen inhaftiert und nach sechs Wochen Untersuchungshaft ohne Prozess wieder entlassen. Bekannt wurde sie als Mitbegründerin des Neuen Forums, das sie auch am Zentralen Runden Tisch 1990 vertrat. Besetzerin der Berliner Stasi-Zentrale. Setzte sich nach der Wiedervereinigung u. a. für eine schonungslose Aufarbeitung der DDR-Vergangenheit sowie für bosnische Flüchtlingsfamilien ein.

Bolz, Eugen (1881-1945)
Der Zentrums-Politiker saß ab 1912 im Reichstag und war ab 1928 Staatspräsident des Volksstaates Württemberg. Als Innenmister in Württemberg griff er nach dem gescheiterten Hitler-Ludendorff-Putsch im November 1923 hart gegen die NSDAP durch. Nach der Machtübernahme der Nationalsozialisten engagierte er sich im Widerstand. Im Rahmen der Verhaftungswelle nach dem missglückten Hitler-Attentat vom 20. Juli 1944 wurde er inhaftiert und später enthauptet.

Dehler, Thomas (1897-1967)
Trotz erheblichen Drucks der Nationalsozialisten hielt der Jurist nicht nur an seiner jüdischen Ehefrau und seinen jüdischen Mandanten fest, sondern er übernahm auch Mandate von Regimegegnern. Von 1949 bis 1953 war er Bundesminister der Justiz und von 1954 bis 1957 Bundesvorsitzender der FDP.

Detmold, Johann Hermann (1807-1856)
Der Jurist, Zeichner und Schriftsteller Detmold schloss sich als Abgeordenter der Frankfurter Nationalversammlung der äußersten Rechten an. Er widersetzte sich den Grundrechten sowie der Frankfurter Reichsverfassung. Seiner Meinung nach konnte eine Verfassung nur mit den Einzelstaaten vereinbart werden. Vom Mai bis Dezember 1849 gehörte er als Reichsjustizminister der deutschen Zentralgewalt an. Gemeinsam mit dem Maler Adolph Schroedter veröffentlichte er den Comic *Thaten und Meinungen des Herrn Piepmeyer.*

Gagern, Heinrich von (1799-1880)
Mitbegründer der Heidelberger Burschenschaft, an den Befreiungskriegen im Großherzogtum Hessen beteiligt, kurzzeitig hessischer Ministerpräsident, dann Präsident der Frankfurter Nationalversammlung. Setzte sich für eine Zentralgewalt ein und verhandelte mit den deutschen Staaten.

Geiger, Michaela (1943-1998)
Die Fernsehbildtechnikerin und Hausfrau rückte 1980 für Franz Josef Strauß als Abgeordnete für die CSU im Bundestag nach. Von 1991 bis 1997 war sie im Kabinett Helmut Kohls Parlamentarische Staatssekretärin, von 1997 bis 1998 Vizepräsidentin des Deutschen Bundestages.

Geißler, Heiner (1930-2017)
Von 1965 bis 1967 und von 1980 bis 2002 Bundestagsabgeordneter (CDU). Wurde u. a. bekannt aufgrund seiner radikalen Positionen gegen die politische Linke. Wandte sich im Alter überraschenderweise eher linken Positionen zu und trat der globalisierungskritischen Organisation „attac“ bei.

Haase, Hugo (1863-1919)
Rechts- und Staatswissenschaftler aus Ostpreußen, gemeinsam mit August Bebel für einige Jahre Vorsitzender der SPD, später Vorsitzender der USPD, zweimal Mitglied des Reichstages. War parallel mit Friedrich Ebert ca. einen Monat lang auch Reichskanzler. 1919 bei einem Attentat ermordet.

Hamm-Brücher, Hildegard (1921-2016)
Die studierte Chemikerin und langjährige „Grande Dame der FDP“ war von 1976 bis 1982 Staatsministerin im Auswärtigen Amt. 1994 kandidierte sie für das Bundespräsidentenamt. Im Zuge der „Möllemann-Affäre" 2002 trat sie nach 54 Jahren Mitgliedschaft aus Protest aus der FDP aus.

Hartmann, Moritz (1821-1872)
Dichter und Abgeordneter der Frankfurter Nationalversammlung. Kehrte mit siebzehn Jahren dem Judentum den Rücken und bekannte sich fortan zum Atheismus. Floh nach der Badischen Revolution aus Deutschland nach Frankreich. In der Revolutionssatire *Reimchronik des Pfaffen Maurizius* setzte er sich kritisch mit der Frankfurter Nationalversammlung auseinander.

Haschke, Udo (1944-2009)
Theologe und Pädagoge sowie Mitglied der DDR-Blockpartei CDU. Beteiligte sich 1989 bei Demonstrationen in Jena. Wurde 1990 in die Volkskammer und anschließend in den Deutschen Bundestag gewählt. Setzte sich für die Rettung der Carl Zeiss AG ein. Erhielt 1995 das Bundesverdienstkreuz.

Hildebrandt, Regine (1941-2001)
Studierte Biologin. Engagierte sich in der DDR in der Bürgerbewegung „Demokratie Jetzt“, ab 1989 SPD-Mitglied und in der Volkskammer Ministerin für Arbeit und Soziales im Kabinett de Maizière. Von 1990 bis 1999 Ministerin für Arbeit, Soziales, Gesundheit und Frauen in der brandenburgischen Landesregierung. Aufgrund ihres starken sozialen Engagements und offenherzigen Auftritts erhielt sie den Beinamen „Mutter Courage des Ostens“.

Hupka, Herbert (1915-2006)
Deutscher Journalist, Schriftsteller und langjähriger Bundestagsabgeordneter und Vertriebenen-Politiker. Er war zunächst Mitglied der SPD, schloss sich aber 1972 aus Protest gegen die Ostpolitik der sozialliberalen Regierung der CDU an.

Jahn, Gerhard (1927-1998)
Unter Willy Brandt Justizminister. Holocaust-Überlebender. Vorsitzender des Ausschusses für Wiedergutmachung. In dieser Funktion sprach er sich offen gegen den Begriff der „Wiedergutmachung“ aus und sprach stattdessen von „Entschädigung“. Er forderte eine schonungslose Aufarbeitung der NS-Vergangenheit.

Jochmus, August Giacomo (1808-1881)
Hauptmann und Generalstabsoffizier in verschiedenen Diensten, darunter Fremdenlegionär sowie Pascha und Oberbefehlshaber des türkischen Heeres. Für ein Jahr Außen- und Marineminister der Frankfurter Nationalversammlung.

Juchacz, Marie (1879-1956)
Schneiderin, Abgeordnete der Weimarer Nationalversammlung. Hielt die erste Rede einer Frau vor einem freien deutschen Parlament. Gründete die Arbeiterwohlfahrt (AWO) und war bis zur Machtergreifung der Nationalsozialisten deren Vorsitzende. Nach ihrer Emigration in die USA gründete sie 1945 auch dort eine AWO, die Opfern des Nationalsozialismus Hilfe bot.

Jucho, Friedrich Siegmund (1805-1884)
Jurist, Führer der liberalen Bewegung in Frankfurt am Main, aktiv im Vormärz und infolgedessen mehrere Jahre inhaftiert. Abgeordneter für die Fraktion der Westendhall der Frankfurter Nationalversammlung. Rettete die Urkunde der Paulskirchenverfassung aus Frankfurt und brachte sie sicher nach England.

Kaiser, Jakob (1888-1961)
Widerstandskämpfer gegen den Nationalsozialismus, in der Sowjetischen Besatzungszone Vorsitzender der CDU, Mitglied des Parlamentarischen Rates und von 1949 bis 1957 Bundesminister für gesamtdeutsche Fragen. Die Zeitung *The Times* nannte ihn 1946 den „Gegenpol zu Konrad Adenauer“.

Kelly, Petra (1947-1992)
Studierte in den USA Politologie und Weltpolitik und arbeitete nach ihrer Rückkehr nach Europa zunächst für die Europäische Kommission in Brüssel. 1979 trat sie aus der SPD aus und wurde Gründungsmitglied der Partei Die Grünen. Dem Deutschen Bundestag gehörte die Friedensaktivistin von 1983 bis 1990 an. Sie kam 1992 unter bislang nicht vollständig geklärten Umständen ums Leben.

Kessel, Franziska (1906-1934)
Im Juli 1932 wurde Kessel mit nur sechsundzwanzig Jahren die jüngste Abgeordnete im Reichstag (KPD). Nach der Machtübernahme der Nationalsozialisten ging sie für den bewaffneten Kampf in den Untergrund und sammelte Augenzeugenberichte über den Nazi-Terror. Im April 1933 wurde sie verhaftet und wegen „Vorbereitung zum Hochverrat“ angeklagt. Infolge von Folter erblindete sie und starb unter ungeklärten Umständen in ihrer Zelle.

Klemperer, Victor (1881-1960)
Der Romanist gilt als einer der wichtigsten Chronisten des Holocaust. Seine Abhandlung *LTI – Notizbuch eines Philologen* über die Verformung der deutschen Sprache im Dritten Reich und seine Tagebücher erhielten in Ost- und Westdeutschland große Anerkennung.

Ab 1950 Abgeordneter der Volkskammer, wo er sich u. a. bemühte, im Sinne einer Aussöhnung mit Frankreich der französischen Sprache eine angemessene Stellung in der DDR einzuräumen.

Lasker, Eduard (1829-1884)
Jüdischer Politiker und Jurist, Abgeordneter der Deutschen Fortschrittspartei im Reichstag. Setzte sich für eine Stärkung des Parlaments ein. Lasker klärte den Wirtschaftsskandal um die Berliner Nordbahn maßgeblich parlamentarisch mit auf, wodurch er in Konflikt mit Bismarck geriet.

Lüders, Marie-Elisabeth (1878-1966)
studierte als eine der ersten Frauen Staatswissenschaften und promovierte über die Aus- und Fortbildung von Frauen in gewerblichen Berufen. War als Gründungsmitglied der DDP Abgeordnete in der Nationalversammlung und im späteren Reichstag. Von 1951 bis zu ihrem Tod Mitglied im Bundesvorstand der FDP, ab 1957 als Ehrenpräsidentin.

Marum, Ludwig (1882-1934)
Der prominente jüdische Rechtsanwalt wurde 1918 Justizminister von Baden und ab 1928 Reichstagsabgeordneter für die SPD. Er engagierte sich gegen die Todesstrafe sowie die Diskriminierung unverheirateter Mütter und sprach sich für gleichen Lohn für Mann und Frau aus. Mit einer entwürdigenden öffentlichen Schaufahrt wurde Marum 1933 von den Nazis in das KZ Kislau gebracht, wo er von SS- und Gestapo-Männern erdrosselt wurde.

Meyer, Julius (1909-1979)
Holocaust-Überlebender, Abgeordneter der Volkskammer und ab 1946 im Vorsitz der Jüdischen Gemeinde in Ost-Berlin. Floh 1953 vor einer spätstalinistischen, antisemitischen Kampagne und dem Verhör durch ein SED-Tribunal nach West-Berlin. Verhalf ca. 500 deutschen Juden zur Flucht aus der DDR. Starb 1979 in Brasilien, nachdem die BRD seine Ansprüche auf Entschädigung sowie auf Anerkennung als politischer Flüchtling abgelehnt hatte.

Mierscheid, Jakob Maria (*1933)
Fiktiver deutscher Politiker, der seit 1979 als Abgeordneter der SPD Mitglied des Deutschen Bundestages sein soll.

Radziwiłł, Ferdynand Fryderyk von (1834-1926)
Jurist, Vorsitzender der Fraktion der polnischen Minderheit im Deutschen Reichstag. Befürchtete zu Recht eine Beschneidung der Rechte der polnischen Minderheit in Preußen nach der Reichsgründung. Entschiedener Gegner Otto von Bismarcks.

Richter, Eugen (1838–1906)
Publizist und Mitglied der Deutschen Fortschrittspartei, der Deutschen Freisinnigen Partei und der Freisinnigen Volkspartei. Von 1867 bis 1906 Reichstagsabgeordneter. Er wird als einer der besten Rhetoriker des Preußischen Abgeordnetenhauses und des Deutschen Reichstages angesehen. Richter war seinerzeit einer der ersten Berufspolitiker.

Rühle, Otto (1874-1943)
Schriftsteller und sozialdemokratischer, später rätekommunistischer Politiker und Abgeordneter des Reichstages. Beteiligt an der Gründung des Spartakusbundes. Stimmte neben Karl Liebknecht als einziger Abgeordneter gegen die Bewilligung der Kriegskredite. Starb nach seiner Flucht 1932 aus Nazideutschland in Mexiko, wo er zuvor seinen Lebensunterhalt als Postkartenzeichner bestritten hatte.

Schmid, Carlo (1896-1979)
Der Staatsrechtler gehörte zu den „Vätern des Grundgesetzes“ und des Godesberger Programms der SPD. Er setzte sich stark für die europäische Integration und die deutsch-französische Aussöhnung ein, arbeitete an verschiedenen Universitäten als Professor und übersetzte französische Literatur ins Deutsche. Er war von 1949 bis 1972 Mitglied des Deutschen Bundestages und währenddessen zweimal dessen Vizepräsident.

Schwenninger, Walter (1942-2010)
Ehemaliger Zehnkämpfer und von 1983 bis 1985 Abgeordneter im Bundestag (Die Grünen). Leistete in Deutschland Aufklärungsarbeit über das Verhältnis zwischen Erster und Dritter Welt. Ein ikonisches Foto Schwenningers im Alpaka-Pullover neben Helmut Kohl ging 1983 um die Welt. Er war kritischer Aktionär von Daimler-Benz.

Selbert, Elisabeth (1896-1986)
Die Juristin (SPD) war Mitglied des parlamentarischen Rates und gilt als eine der „Mütter des Grundgesetzes". Sie war es, die als Mitglied des Parlamentarischen Rates 1949 den Satz „Männer und Frauen sind gleichberechtigt." nach mehreren gescheiterten Abstimmungen im Grundgesetz durchsetzte.

Simson, Eduard von (1810-1899)
Promovierter Jurist, Richter und Hochschullehrer aus Königsberg. Arbeitete an der Reichsverfassung von 1849 mit und gilt als „erster deutscher Verfassungsvater". War Präsident der Frankfurter Nationalversammlung, danach Präsident der Reichstage im Norddeutschen Bund und im Kaiserreich.

Ullmann, Wolfgang (1929-2004)
Theologe, Kirchenhistoriker und Herausgeber der Wochenzeitung *der Freitag*. Gründete 1989 die Bürgerbewegung „Demokratie Jetzt". Ab 1990 Abgeordneter (Bündnis 90) und Vizepräsident der Volkskammer und Abgeordneter im Bundestag (Bündnis 90/Die Grünen). Setzte sich nachdrücklich für die Auflösung des Ministeriums für Staatssicherheit ein.

Virchow, Rudolf (1821-1902)
Pathologe, Prähistoriker und Politiker der Deutschen Fortschrittspartei und der Deutschen Freisinnigen. Als entschiedener Gegner Bismarcks stand er für eine allgemeine Abrüstung, die Schaffung der Vereinigten Staaten von Europa und die Befreiung der Kultur vom Einfluss der Kirche.

Wels, Otto (1873-1939)
Gelernter Tapezierer, Gewerkschafter, für die SPD Reichstagsabgeordneter und später Parteivorsitzender. Mitbegründer der „Eisernen Front" gegen den Nationalsozialismus, einer der Köpfe des Generalstreiks gegen den Kapp-Putsch. Hielt die letzte freie Rede vor der Machtergreifung der Nationalsozialisten und verlor im Prager Exil 1933 die deutsche Staatsbürgerschaft. Starb wenig später in Paris.

Windthorst, Ludwig (1812-1891)
Jurist, Justizminister des Königsreiches Hannover, dann Abgeordneter für die Zentrumspartei im Reichstag und im Preußischen Abgeordnetenhaus. Setzte sich als Katholik für die Gleichberechtigung aller Minderheiten, so auch für die Rechte der Juden und Polen ein.

Zetkin, Clara (1857-1933)
Sozialistin, Friedensaktivistin und Frauenrechtlerin. Ab 1887 Mitglied der SAP (ab 1890 SPD) und ab 1917 in der USPD Vertreterin des Spartakusbundes. Von 1920 bis 1933 Reichstagsabgeordnete für die KPD und 1932 Alterspräsidentin des Parlaments. Floh vor den Nazis in die Sowjetunion. Obwohl sie von Stalin verachtet und gezielt isoliert wurde, trug dieser ihre Urne persönlich zu Grabe.

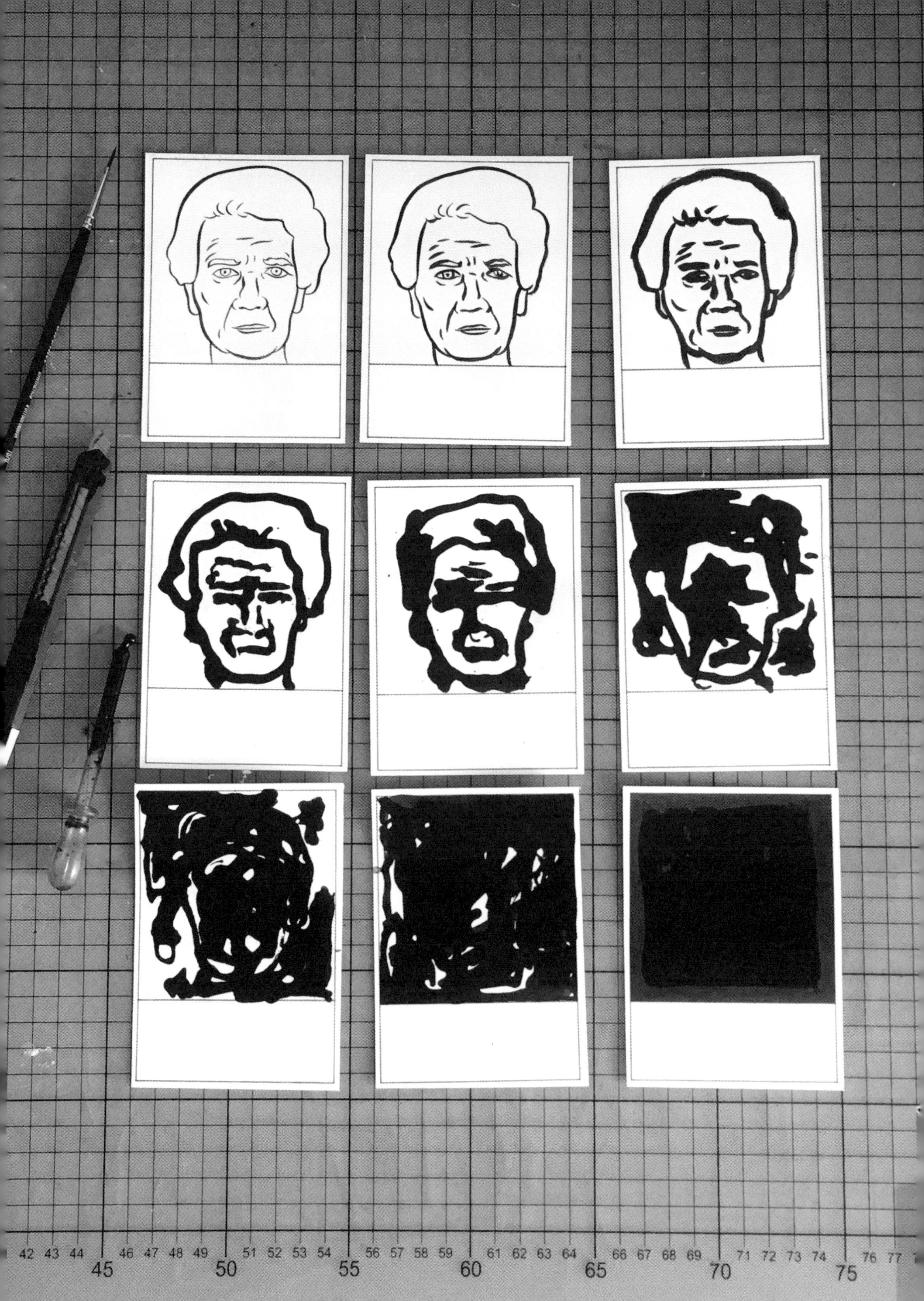
42 43 44 45 46 47 48 49 50 51 52 53 54 55 56 57 58 59 60 61 62 63 64 65 66 67 68 69 70 71 72 73 74 75 76 77

Der Autor

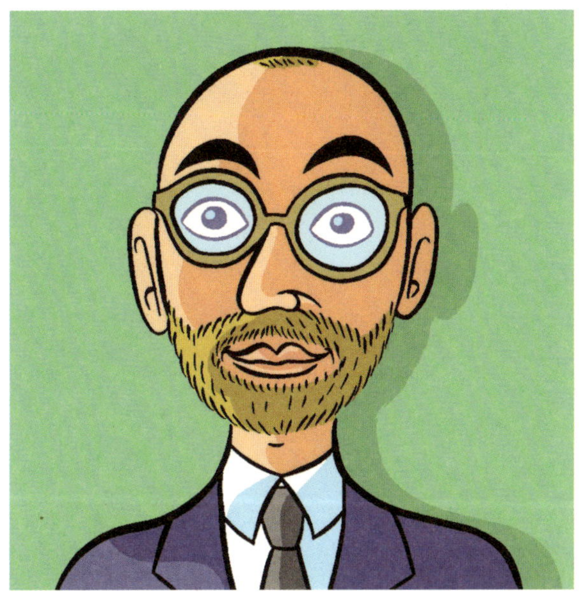

Simon Schwartz, geboren 1982, ist einer der bekanntesten deutschen Comickünstler. Er studierte Illustration an der HAW Hamburg und debütierte 2009 mit ***drüben!***, der berührenden Graphic Novel über die Ausreise seiner Eltern aus der DDR. Das Buch wurde u. a. 2010 mit dem ICOM Independent Comic Preis ausgezeichnet und für den Deutschen Jugendliteraturpreis 2010 nominiert.

Seine zweite große Graphic Novel ***Packeis*** über den afroamerikanischen Seemann und Nordpol-Entdecker Matthew Henson wurde von der Kritik begeistert aufgenommen und 2012 mit dem Max und Moritz-Preis als „Bester deutschsprachiger Comic" ausgezeichnet.

Für die „Gedenk- und Bildungsstätte Andreasstraße" in der ehemaligen Stasi-Zentrale in seiner Geburtsstadt Erfurt gestaltete Simon Schwartz 2012 einen 7x40 Meter großen Bildfries, der den Neubau eines Glaskubus umschließt. 2013 wurde er hierfür und für seine Arbeit an ***Packeis*** mit dem Hans-Meid-Förderpreis ausgezeichnet.

2014 erschien mit ***Vita Obscura*** ein Sammelband von Schwartz' gleichnamigen Comicstrips aus der Wochenzeitung *der Freitag*, in der er auf mannigfaltige Weise skurrile Lebensläufe und Biografien illustrierte.

Im Jahr 2018 zeigte das Angermuseum in Erfurt erstmals eine umfassende Werkschau seiner Arbeiten unter dem Titel „Geschichtsbilder". Im gleichen Jahr erschien die Graphic Novel ***IKON*** über eine reale Hochstaplerin, die sich als die jüngste Zarentochter Anastasia ausgab.

2017 und 2019 ehrte der Deutsche Bundestag Simon Schwartz mit Einzelausstellungen zur Comic-Serie ***Das Parlament*** in der Abgeordnetenlobby des Reichstagsgebäudes.

Ferner erscheinen Schwartz' Comics und Illustrationen regelmäßig in diversen Zeitungen und Magazinen, u. a. *Frankfurter Allgemeine Sonntagszeitung*, *der Freitag*, *GEOlino* und *Die Zeit*.

Er lebt und arbeitet in Hamburg.

www.simon-schwartz.com

Ebenfalls von Simon Schwartz im avant-verlag erschienen:

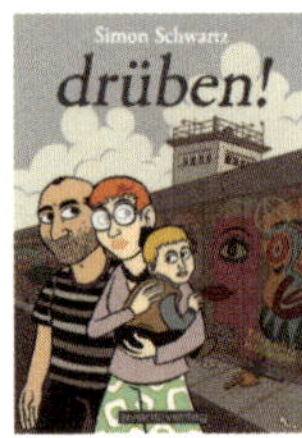

drüben!
ISBN: 978-3-939080-37-4

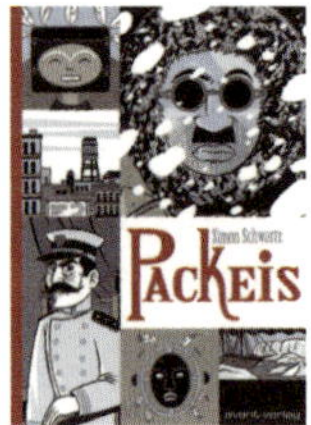

Packeis
ISBN: 978-3-939080-52-7

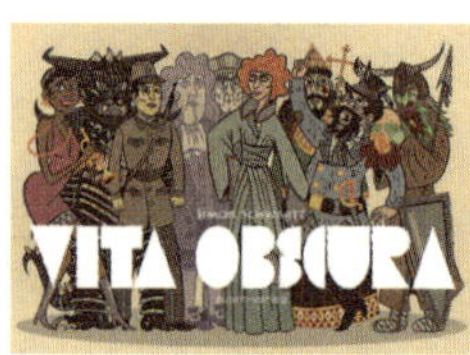

Vita Obscura
ISBN: 978-3-939080-94-7

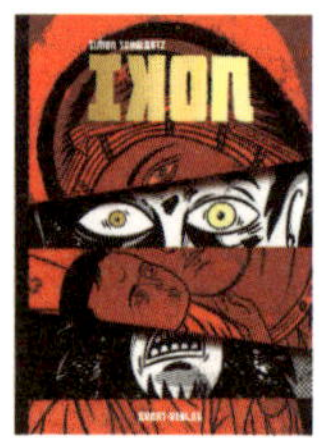

IKON
ISBN: 978-3-945034-79-8

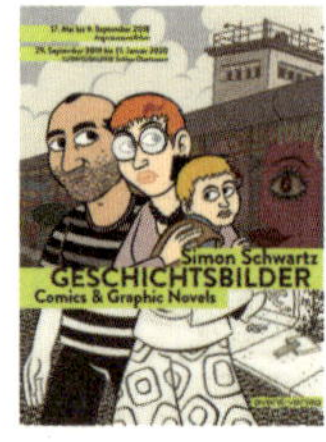

Geschichtsbilder Comics & Graphic Novels
ISBN: 978-3-945034-91-0

DAS PARLAMENT – 45 Leben für die Demokratie

Text & Zeichnungen: Simon Schwartz
ISBN: 978-3-96445-006-7

2. Auflage

Texte: Dr. Wolfgang Schäuble (Vorwort), Kristina Volke (Politik im Comic, Glossar)
Infografik (Zeitstrahl): Thomas Gilke
Redaktion: Benjamin Mildner
Formgebung & Herstellung: Thomas Gilke
Herausgeber: Johann Ulrich

avant-verlag GmbH · Weichselplatz 3-4 · 12045 Berlin · info@avant-verlag.de

Die Comicserie *Das Parlament* entstand im Auftrag des Kunstbeirats des Deutschen Bundestages.
Leiter des Sekretariats: Dr. Andreas Kaernbach
Kuratorin: Kristina Volke
www.kunst-im-bundestag.de

Mehr Informationen & kostenlose Leseproben finden Sie online:
www.avant-verlag.de · www.facebook.com/avant-verlag

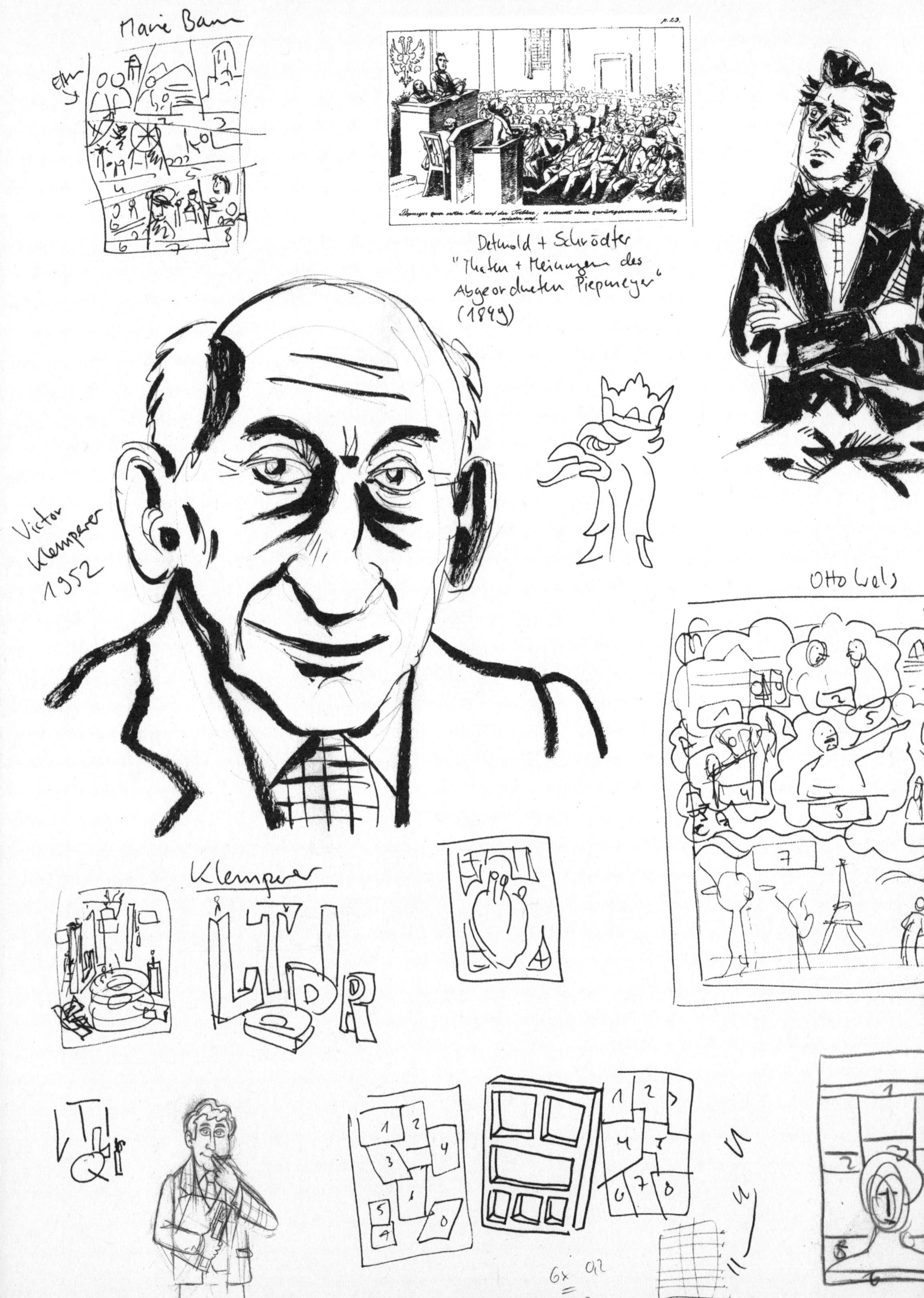

Marie Baum
Detmold + Schrödter
"Thaten + Meinungen des Abgeordneten Piepmeyer" (1849)
Victor Klemperer 1952
Otto Wels
Klemperer
LTI